BASTEI LÜBBE

Aus dieser Taschenbuchreihe sind folgende Romane erhältlich. Fragen Sie Ihren Buch- oder Zeitschriftenhändler.

24 012 Jerry Pournelle (Hrsg.)
Black Holes

24 013 Jerry Pournelle
Die entführte Armee

24 014 Barry N. Malzberg
Malzbergs Amerika

24 015 William Morris
Die Quelle am Ende der Welt

24 017 Lübbes Auswahlband
Abenteuer Weltraum

24 018 Orson Scott Card
Meistersänger

24 019 Robert L. Forward
Das Drachenei

24 020 Robert Sheckley
Endstation Zukunft

24 021 David Bear
Wer hat mir meine Zeit gestohlen?

24 022 Poul Anderson
Das Avatar

24 023 Jessica Salmonson
Amazonen!

24 024 Norman Spinrad
Lieder von den Sternen

24 027 Michel Jeury
Robert Holzachs chronolytische Reisen

24 028 Larry Niven
Die Ringwelt-Ingenieure

Robert Sheckley

Endstation Zukunft

Science Fiction-Roman

BASTEI
LÜBBE

BASTEI-LÜBBE-TASCHENBUCH
Science Fiction Special
Band 24 020

1. Auflage: Juni 1981
2. Auflage: März 1982

Deutsche Lizenzausgabe 1981
Bastei-Verlag Gustav H. Lübbe, Bergisch Gladbach
Originaltitel: THE ROBOT WHO LOOKED LIKE ME
Ins Deutsche übertragen von Michael Görden, Wulf H. Bergner, Charlotte Winheller und Ronald M. Hahn
Titelillustration: Agentur Thomas Schlück
Umschlaggestaltung: Quadro-Grafik, Bensberg
Druck und Verarbeitung:
Mohndruck Graphische Betriebe GmbH, Gütersloh
Printed in Western Germany
ISBN 3-404-24020-0

Inhalt

Der Roboter, der aussah wie ich

Snaithes Robotorama ist ein nicht sehr anziehender Laden auf dem KB22 Boulevard in der Nähe der Uhuru-Absperrungen in Groß-Neu-Newark. Er liegt zwischen einer Sauerstoff-Fabrik und einem Protein-Shop eingeklemmt. Die Schaufensterauslage ist das, was man bei so einem Laden erwarten kann: drei humanoide Roboter in Lebensgröße mit erstarrtem Lächeln im künstlichen Gesicht, der Verwendung entsprechend bekleidet – Modell PB2: der französische Koch; Modell LR3: das englische Kindermädchen; Modell JX5: der italienische Gärtner. Jedes Modell jederzeit dienstbereit – WIR BRINGEN IHNEN EINEN HAUCH DER GUTEN ALTEN ZEIT AUCH IN IHR HEIM.

Ich trat ein und ging durch den verstaubten Ausstellungsraum direkt in die Werkstatt, die wie eine beunruhigende Kombination zwischen einem Schlachthaus und dem Hobbyraum eines Riesen aussah. Köpfe, Arme, Beine und Rümpfe waren in Regale gestapelt oder lagen in den Ecken auf dem Boden herum. Die Körperteile wirkten verwirrend menschlich, sah man über die heraushängenden Drähte hinweg.

Snaithe kam aus dem Lagerraum, um mich zu begrüßen. Er war ein grauer kleiner Wurm von einem Mann mit eingefallenen Wangen und großen roten Zitterhänden. Irgendwie wirkte er wie ein Ausländer – es sind fast nur Ausländer, die die wirklich guten illegalen Roboter fabrizieren.

Er sagte: »Alles fertig, Mr. Watson«. (Mein Name ist nicht Watson und Snaithes Name ist selbstverständlich nicht Snaithe. Ich habe alle verändert, um einer strafrechtlichen Verfolgung vorzubeugen.)

Snaithe führte mich in eine Ecke seiner Werkstatt und

blieb vor einem Roboter stehen, dessen Kopf unter einem Tuch verborgen war. Er zog das Tuch feierlich herunter.

Es reicht nicht zu erzählen, daß der Roboter aussah wie ich; rein äußerlich war das, was da vor mir stand, ich selbst, haargenau und unverwechselbar ich selbst, Gesichtszug für Gesichtszug bis hin zur Tönung der Haut und der Beschaffenheit des Haars. Ich betrachtete das Gesicht eingehend, und als sähe ich ihn zum ersten Mal, bemerkte ich einen Anflug von Brutalität in diesen festen, glatten Zügen und ein Glitzern von Ungeduld in den tiefliegenden Augen. Ja, das war ich. Ich machte mir über die Stimme und die Verhaltensmuster gar keine Gedanken mehr, zahlte Snaithe das vereinbarte Honorar und trug ihm auf, das Ding in mein Apartment zu schaffen. So weit lief alles genau nach Plan.

Ich wohne in der oberen fünften Ebene von Manhattan. Das ist eine teuere Gegend, aber der Blick auf ein Stückchen Himmel ist mir das Geld wert. Meine Wohnung ist auch mein Büro. Ich bin interplanetarer Börsenmakler und habe mich auf Spekulationen mit seltenen Mineralien spezialisiert.

Wie jeder andere Mann, der in dieser Welt des freien Wettbewerbs auf Hochgeschwindigkeitsbasis seine Position behaupten will, bin ich gezwungen, mich an einen exakten Terminplan zu halten. Die Arbeit verbraucht den größten Teil meines Lebens, aber auch alles andere hat seinen angemessenen Platz und seine genaue Zeit. So verwende ich zum Beispiel drei Stunden in der Woche auf Sexualität, wobei ich den Doris-Jens-Manager-Sexplan zugrunde lege, der nicht billig ist. Zwei Stunden in der Woche gebe ich für Freundschaft aus und zwei weitere für intellektuelle Muße. Für meine nächtliche Rate von 6,8 Stunden Schlaf steige ich in meinen Schlaf-Automaten und nutze diese Zeit für die Aufnahme aller für mein Arbeitsgebiet wichtigen Fachliteratur via Traum-Hypnoter. Und so weiter.

Alles, was ich tue, läuft streng nach meinem Terminplan, den ich vor Jahren mit Hilfe der Leute von der Lebensplan-Service-Gesellschaft ausgearbeitet habe. Der Plan ist in meinen persönlichen Computer programmiert, und seit er eingegeben wurde, halte ich mich daran.

Natürlich ist der Plan auch für Modifikationen eingerichtet. Besondere Vorkehrungen wurden für Krankheit, Krieg und Naturkatastrophen getroffen. Zum Plan gehören auch zwei Unterprogramme, die im Preis inbegriffen waren und sich jeweils bei Bedarf zum Hauptprogramm zuschalten lassen. Unterprogramm eins deckt eine Ehefrau ab und verändert meinen Zeitplan so, daß ich vier Stunden Zeit in der Woche für persönlichen Kontakt mit ihr gewinne. Unterprogramm zwei tritt bei einer Ehefrau und einem Kind in Kraft und verschafft mir zwei weitere Freistunden in der Woche für familiäre Interaktion. Durch eine sorgfältig ausgewogene Abstimmung auf das Grundprogramm führen diese Unterprogramme zu nicht mehr als 2,3% bzw. 2,9% Minderung meiner Produktivität.

Ich hatte mich entschieden, mit 32,5 Jahren zu heiraten und meine Gattin von der Treue-Garantie-Ehevermittlung zu beziehen, einer Agentur mit einem legendär guten Ruf. Aber dann kam etwas völlig Unerwartetes dazwischen.

Ich benutzte eine meiner wöchentlichen Mußestunden, um die Hochzeit eines meiner Freunde zu besuchen. Die Brautjungfer seiner Verlobten hieß Elaine. Sie war ein schlankes, lebensfrohes Mädchen mit einem Blondschopf, der wie die Sonne leuchtete, und einer delikaten kleinen Figur. Ich fand sie sehr anziehend, ging nach Hause und dachte nicht mehr an sie. Besser gesagt, ich *dachte,* ich würde nicht mehr an sie denken. Aber in den folgenden Tagen und Nächten hatte ich ständig ihr Bild vor Augen. Mein Appetit ließ nach, und ich begann schlecht zu schlafen. Mein Computer checkte das relevante Datenmaterial durch und teilte mir mit, daß ich möglicherweise vor einem Nervenzusammenbruch stände – aber die wahrscheinlichste Erklärung für meinen Zustand sei, ich wäre verliebt.

Das war eine Entwicklung, der auch etwas Gutes abzugewinnen war, hatte ich doch gehört, daß in seine zukünftigen Ehepartner verliebt zu sein ein positiver Faktor für eine gute zwischenmenschliche Beziehung sein konnte. Ich ließ Elaine also von der Diskretion GmbH eingehend überprüfen und fand heraus, daß sie sich vorzüglich für eine Ehe mit mir eignete. Ich mietete Mr. Lebensglück, den bekannten Ehearrangeur, um für mich zu werben und die nötigen Vorbereitungen zu treffen.

Mr. Lebensglück, ein winziger weißhaariger Gentleman mit einem augenzwinkernden Lächeln, kehrte mit schlechten Nachrichten zurück. »Die junge Dame scheint sehr traditionalistisch eingestellt zu sein«, erklärte er. »Sie erwartet, daß man ihr ›den Hof macht‹.«

»Was beinhaltet dieses ›den Hof machen‹ im besonderen?« erkundigte ich mich.

»Es bedeutet, daß Sie die Dame per Videophon anrufen müssen, sich mit ihr verabreden, sie zum Dinner ausführen, anschließend mit ihr in ein Vergnügungsetablissement gehen und so weiter.«

»Mein Terminplan läßt mir für solche Aktivitäten keine Zeit«, entgegnete ich. »Aber wenn es absolut unumgänglich ist, könnte ich es vielleicht nächsten Donnerstag zwischen 21.00 und 24.00 Uhr einschieben.«

»Das wäre ein exzellenter Start«, sagte Mr. Lebensglück.

»Start? Mit wie vielen Abenden dieser Art muß ich denn rechnen?«

Mr. Lebensglück erläuterte mir, daß zu einer angemessenen Brautwerbung ein Minimum von drei solcher Ausgehabende in der Woche gehöre und die Sache mindestens zwei Monate dauern würde.

»Lächerlich!« entfuhr es mir. »Die junge Dame scheint eine Menge Zeit übrig zu haben.«

»Keineswegs«, versicherte mir Mr. Lebensglück. »Elaine führt ein fleißiges, genau termingeplantes Leben wie jede andere gebildete Person in unseren Tagen. Ihre Zeit wird völlig von ihrem Job, der Familie, Wohltätigkeitsveranstaltungen, künstlerischen Aktivitäten, Politik, Fortbildung und allem, was sonst noch dazu gehört, in Anspruch genommen.«

»Ja, aber warum besteht sie dann auf dieser zeitraubenden Brautwerbung?«

»Es scheint eine Frage des Prinzips für sie zu sein. Um es deutlicher zu erklären, sie will es eben so und nicht anders.«

»Neigt sie etwa zum Irrationalen?«

Mr. Lebensglück seufzte.

»Tja, wissen Sie . . . Sie haben es bei ihr mit einer *Frau* zu tun.«

Während meiner nächsten Mußestunde dachte ich ausführlich über die Sache nach. Es schien nur zwei Alternativen zu geben, mehr nicht. Ich konnte Elaine aufgeben oder tun, was sie verlangte. Letzteres bedeutete den Verlust von schätzungsweise 17% meines Einkommens und würde mich zwingen, meine Abende auf eine Art zu verbringen, die ich als albern, langweilig und äußerst unproduktiv empfand.

Beide Alternativen waren unakzeptabel. Ich steckte in einer Sackgasse.

Ich fluchte. Ich schlug mit der Faust auf den Tisch, was damit endete, daß mein antiker Aschenbecher auf dem Boden landete. Gordon, einer meiner Robotsekretäre, hörte den Aufruhr und eilte zu mir. »Kann ich irgend etwas für Sie tun, Sir?« fragte er.

Gordon stammt aus Sperrys Luxusandroiden-Serie in limitierten Sonderausgaben – er ist der zwölfte aus einer einmaligen Produktionsserie von 25 Exemplaren. Er ist groß, mager und geht mit einem leichten Hinken, und er sieht ein wenig wie Leslie Howard aus. Man würde ihn für einen echten Sekretär halten, wenn er nicht die gesetzlich vorgeschriebenen Prägemarken auf Stirn und Handrücken tragen würde. Als ich ihn sah, überfiel mich eine blitzartige Eingebung, wie mein Problem zu lösen war.

»Gordon«, erkundigte ich mich langsam, »weißt du zufällig, wer die besten handgearbeiteten Robot-Einzelmodelle baut?«

»Snaithe aus Groß-Neu-Newark«, bekam ich ohne Zögern zur Antwort.

Ich sprach mit Snaithe und stellte fest, daß seine finanziellen Erwartungen im Rahmen der üblichen Unverschämtheit in diesem Gewerbe blieben. Er erklärte sich bereit, einen Roboter ohne die staatlichen Prägungen zu bauen, der mit mir identisch war und auf mein Persönlichkeitsmuster programmiert werden konnte. Ich zahlte ein exorbitantes Honorar, aber ich war zufrieden. Ich hatte eine Menge Geld, aber was ich praktisch nicht hatte, war freie Zeit. So fing alles an.

Als ich von meinem zweiten Besuch bei Snaithes zurückkam, wartete der Roboter, der per Röhren-Expreß zugestellt worden war, schon in meinem Apartment auf mich. Ich packte ihn aus und schaltete ihn ein. Mein Computer übertrug alle relevanten Daten direkt in die Gedächtnisspeicher des Roboters. Dann gab ich ein Brautwerbungsprogramm ein und checkte noch einmal alle Funktionen durch. Das Resultat erwies sich als noch besser, als ich in meinen kühnsten Vorstellungen erwartet hatte. Begeistert rief ich Elaine an und traf mit ihr noch für den gleichen Abend eine Verabredung.

Den Rest des Tages verbrachte ich mit der Arbeit an den eingegangenen Frühjahrsangeboten, die sich schon auf meinem Schreibtisch zu stapeln begannen. Um 20 Uhr setzte ich Charles II., wie ich den Roboter nannte, in Marsch. Danach nahm ich einen Drei-Minuten-Imbiß und machte mich wieder an die Arbeit.

Charles II. kehrte pünktlich um Mitternacht zurück, exakt wie er programmiert worden war. Ich brauchte ihm keine Fragen zu stellen: die Ereignisse des Abend waren alle von der verborgenen Mikro-Kamera aufgenommen worden, die Snaithes in das linke Auge der Maschine eingebaut hatte. Ich spielte die Aufnahme auf meinem Videogerät ab und sah und hörte dem Anfang meiner Werbung mit gemischten Gefühlen zu.

Es ging weit über jede Art von Schauspielerei hinaus; der Roboter *war* ich selbst bis hin zu der Art, wie ich mich räuspere und wie ich mit dem Daumen über den Zeigefinger reibe, wenn ich nachdenke. Bei dieser Gelegenheit fiel mir zum ersten Mal auf, daß mein Lachen manchmal auf unangenehme Weise einem Kichern gleicht. Ich entschied mich sofort, diese und verschiedene andere schlechte Angewohnheiten bei mir und Charles II. zu löschen.

Jedenfalls schien mir, alles in allem betrachtet, das Experiment ein voller Erfolg zu sein. Ich war ausgesprochen zufrieden. Meine Arbeit und meine Eheanbahnung machten rasch die schönsten Fortschritte. Ich hatte einen uralten Traum verwirklicht; ich war eine Persönlichkeit, die gleichzeitig über zwei Körper verfügte. Was kann man mehr verlangen?

Welche wunderbaren Abende wir doch alle zusammen erlebten! Meine Erlebnisse kamen sozusagen aus zweiter Hand, aber alles berührte mich so tief, als wäre ich selbst dabei gewesen. Ich kann mich noch sehr gut an meinen ersten Streit mit Elaine erinnern, wie wunderschön sie in ihrer unsinnigen Wut aussah und wie hinreißend wir uns anschließend versöhnten.

Diese Versöhnung führte jedoch auch zu einigen Problemen. Ich hatte Charles II. so programmiert, daß er nur bis zu einem bestimmten Punkt bei allen körperlichen Intimitäten ging, einem recht diskreten Punkt, und keinesfalls weiter. Nun mußte ich einsehen, daß eine Person nicht jede Phase einer intimen Beziehung zwischen zwei autonomen Wesen vorausplanen kann, besonders wenn eines der beteiligten Wesen eine Frau ist. Um Charles II. seine Rolle weiter glaubwürdig spielen zu lassen, mußte ich ihn mehr Intimitäten gestatten, als mir zunächst angeraten erschienen war.

Nach dem ersten Schock fand ich diese Entwicklung durchaus nicht unangenehm. Im Gegenteil! Ich muß eingestehen, daß ich sogar richtig wild auf die Filme von mir und Elaine wurde. Ich nehme an, einer dieser klugen Psychiater würde darin einen Fall von Voyeurismus sehen oder noch Schlimmeres. Aber das hieße, die tieferen philosophischen Implikationen der ganzen Sache zu ignorieren. Welcher Mann hat schließlich noch nicht davon geträumt, sich selbst beim Liebesspiel zusehen zu können? Es ist ja heute eine verbreitete Sexualphantasie, sich vorzustellen, mit seiner eigenen verborgenen Kamera jede seiner Bewegungen aufzunehmen. Bietet sich erst die Möglichkeit, wer würde dem außerordentlichen Privileg widerstehen, gleichzeitig Hauptdarsteller und Zuschauer sein zu können?

Mein Film mit Elaine entwickelte sich in einer Weise, die mich überraschte. Es zeigte sich bald ein Unterton von Verzweiflung, eine regelrechte Liebesverrücktheit, zu der ich mich nie in der Lage geglaubt hatte. Unsere Abende durchzog ein Gefühl köstlicher Verzweiflung, eine Ahnung unwiederbringlichen Verlustes. Manchmal sprachen wir kein Wort, hielten uns nur bei den Händen und sahen uns an. Und einmal weinte Elaine ohne jeden erkennbaren Grund, und ich streichelte ihr den Kopf, und sie sagte zu mir: »Was können wir nur tun?«, und ich sah sie an und antwortete nicht.

Ich bin mir völlig bewußt, daß all dies nicht mit mir, sondern mit dem Roboter geschah, kein Zweifel. Aber der Roboter war ein Aspekt oder ein Bestandteil meiner selbst – mein Schatten, Zwillingsbruder, Double, Geist, Doppelgänger. Er war die Projektion meines Ichs in eine bestimmte Situation; deshalb wurde alles, was ihm geschah, zu meiner persönlichen Erfahrung. Metaphysisch betrachtet, kann es daran keinen Zweifel geben.

Die Sache war wirklich sehr interessant. Aber schließlich mußte ich meine Brautwerbung zu Ende bringen. Es wurde Zeit für Elaine und mich, unsere Hochzeit zu planen. Also erklärte ich dem Roboter exakt zwei Monate nach seiner Indienststellung, er möge einen Hochzeitstermin vorschlagen und seine Werbung damit in dieser Nacht beenden.

»Du hast deine Sache ganz ausgezeichnet gemacht«, sagte ich ihm. »Wenn das hier vorbei ist, erhältst du eine neue Persönlichkeit, ein wenig plastische Gesichtschirurgie wird vorgenommen und danach bekommst du eine respektable Position in meinem Unternehmen.«

»Vielen Dank, Sir«, antwortete er. Sein Gesicht war dabei so undeutbar wie mein eigenes. Ich hörte nichts anderes in seiner Stimme als perfekten Robotergehorsam. Dann ging er und trug mein letztes Geschenk zu Elaine.

Es wurde Mitternacht, und Charles II. kam nicht zurück. Eine Stunde später fühlte ich mich beunruhigt. Gegen 3 Uhr morgens befand ich mich in einem Stadium äußerster Erregung. Ich erlebte erotische und masochistische Phantasievorstellungen, die ihn mir mit Elaine in allen erdenklichen Positionen mechanophysischer Zügellosigkeit zeigten. Die Minuten schleppten sich dahin, Charles II. kehrte nicht zurück, und meine Phantasien wurden ausgesprochen sadistisch. Ich stellte mir die langsamen und schrecklichen Wege meiner Rache vor, die ich an den beiden nehmen wollte – an dem Roboter für seine Anmaßung und an Elaine für ihre Dummheit, eine mechanische Nachahmung für einen richtigen Mann zu halten.

Die lange Nacht kroch langsam vorbei. Schließlich fiel ich in einen gnädigen Schlaf.

Ich wachte früh auf. Charles II. war noch immer nicht da. Ich sagte alle Termine für den ganzen Vormittag ab und raste zu Elains Apartment.

»Charles!« empfing sie mich. »Was für eine unerwartete Freude!«

Mit einer gewissen Nonchalance betrat ich ihr Apartment. Ich hatte mich entschlossen, ruhig zu bleiben, bis ich herausgefunden hatte, was genau letzte Nacht vorgefallen war. Darüber hinaus hatte ich keine genaue Vorstellung, wie es weitergehen sollte.

»Unerwartet?« faßte ich nach. »Habe ich letzte Nacht nichts davon gesagt, daß ich vielleicht zum Frühstück vorbeikommen wollte?«

»Das ist gut möglich«, sagte sie. »Um ehrlich zu sein, ich war viel zu emotional, um mich an alles erinnern zu können, was du gesagt hast.«

»Aber du weißt doch noch, was passiert ist?«

Sie errötete hinreißend. »Natürlich, Charles. Ich habe noch die blauen Flecken auf meinem Arm.«

»Blaue Flecken, tatsächlich?«

»Und mein Mund ist ganz wund. Warum beißt du immer so in die Lippen?«

»Ich hab' heute noch keinen Kaffee gehabt«, erklärte ich ihr.

Sie führte mich in die Frühstücksnische und goß mir Kaffee ein. Ich schüttete meinen in zwei Schlucken herunter und fragte: »Komm ich dir heute eigentlich genauso vor wie letzte Nacht?«

»Natürlich«, erwiderte sie. »Ich habe mich an deine Stimmungswechsel inzwischen doch gewöhnt, Charles. Was ist los mit dir? Stimmt etwas nicht? Ist letzte Nacht irgend etwas passiert, über das du dich jetzt aufregst?«

»Ja!« schrie ich wild. »Ich habe mich gerade daran erinnert, wie du nackt auf der Terrasse getanzt hast.« Ich starrte sie an in der Erwartung, sie würde das entrüstet von sich weisen.

»Es war ja nur für einen Augenblick«, sagte Elaine. »Und ich war auch gar nicht wirklich nackt, weißt du. Ich hatte meine Strümpfe noch an. Jedenfalls hast du mich ja darum gebeten.«

»Ja«, meinte ich. »Ja, ja.« Ich war sehr verwirrt und entschied mich schließlich, mit der Prüfung weiterzumachen. »Aber dann hast du Champagner aus meinem Schuh getrunken . . .«

»Nur einen kleinen Schluck«, meinte sie. »Bin ich da zu weit gegangen?«

»Du warst wundervoll«, versicherte ich, während es

mir eiskalt den Rücken herunterlief. »Ich glaube, es ist nicht fair, dich jetzt an all diese Sachen zu erinnern . . .«

»Ach was, ich rede gern darüber.«

»Wie war das mit unserem absurden Einfall, die Kleider zu tauschen?«

»Das war wirklich *ungezogen* von uns«, bemerkte sie lachend.

Ich stand auf. »Elaine«, sagte ich zu ihr, »was, zum Teufel, hast du letzte Nacht denn alles gemacht?«

»Was für eine Frage«, sagte sie. »Ich war doch mit dir zusammen. Aber, Charles – diese Sachen, von denen du da gerade sprachst.«

»Die habe ich alle erfunden.«

»Mit wem warst *du* dann letzte Nacht zusammen?«

»Ich war allein zu Hause.«

Elaine dachte einen Moment über diese Eröffnung nach. Dann meinte sie: »Ich fürchte, ich muß dir etwas beichten.«

Ich verschränkte die Arme und wartete.

»Ich war letzte Nacht auch zu Hause«, bekannte sie.

Ich hob eine Augenbraue. »Und die anderen Nächte?«

Sie holte tief Atem. »Charles, ich kann dir nicht mehr länger etwas vormachen. Ich habe wirklich eine altmodische Brautwerbung von dir gewünscht. Aber als du dich dann darauf einließt, da bekam ich sie einfach nicht mehr in meinem Terminplan unter. Versteh doch, die Abschlußarbeiten in meinem Kurs in aztekischer Töpferei waren gerade fällig, und man hatte mich dazu noch zur Vorsitzenden des Aleuten-Hilfskomitees gewählt, und meine neue Boutique verlangte ganz besondere Aufmerksamkeit . . .«

»Was hast du also gemacht?«

»Ja, also . . . ich konnte doch nicht einfach zu dir sagen ›komm, laß uns die ganze Brautwerbung vergessen und ohne jedes Vorspiel heiraten‹. Schließlich kannte ich dich ja kaum.«

»Was hast du gemacht?«

Sie seufzte. »Ich kenne einige Mädchen, die sich selbst in eine ähnliche unangenehme Lage gebracht haben. Sie gingen zu diesem wirklich phantastischen Robotmacher Snaithe . . . Warum lachst du?«

»Ich muß dir auch etwas gestehen. Ich habe auch auf Mr. Snaithe zurückgegriffen.«

»Charles! Du hast wirklich einen *Roboter* losgeschickt, mir den Hof zu machen? Wie konnest du? Stell dir vor, er hätte wirklich mich selbst getroffen!«

»Ich glaube, keiner von uns beiden ist in der Position, sich über den anderen besonders entrüsten zu können. Kam dein Roboter letzte Nacht nach Hause?«

»Nein, ich dachte Elaine II. und du . . .«

Ich schüttelte den Kopf. »Ich habe Elaine II. nie getroffen, und du hast Charles II. nie kennengelernt. Es hat den Anschein, als hätten sich unsere Roboter getroffen, umworben und sind nun zusammen weggelaufen.«

»Aber das können Roboter nicht!«

»Unsere konnten. Ich vermute, es ist ihnen irgendwie gelungen, sich gegenseitig umzuprogrammieren.«

»Oder vielleicht haben sie sich einfach in einander verliebt«, meinte Elaine nachdenklich.

»Wir werden herausfinden, was passiert ist«, versprach ich. »Aber jetzt, Elaine, laß uns an uns selbst denken. Ich schlage vor, daß wir an unserem frühstmöglichen gemeinsamen freien Termin heiraten.«

»Ja, Charles«, murmelte sie. Wir küßten uns. Und dann machten wir uns ganz sanft und voller Liebe daran, unsere Terminpläne aufeinander abzustimmen.

Es gelang mir, die Spur der ausgerissenen Roboter bis zum Kennedy-Raumhafen zu verfolgen. Von dort waren sie mit der Raumfähre zur Orbitalplattform 5 geflogen, wo sie einen Platz im Centauri-Expreß bekommen hatten. Ich hielt mich nicht damit auf, ihnen weiter nachzuspüren. Sie konnten auf Dutzenden von Welten untergetaucht sein.

Das Erlebnis hatte auf Elaine und mich einen nachhaltigen und tiefen Einfluß. Wir erkannten, daß wir überspezialisiert waren, unserer Produktivität eine zu große Bedeutung beigemessen hatten und den einfachen, altmodischen Vergnügen eine zu geringe. Diese Erkenntnis bestimmte unser Handeln. Wir nahmen uns beide je eine zusätzliche Stunde pro Tag frei – sieben Stunden in der Woche! –, in der wir einfach nur zusammen waren. Unsere Freunde halten uns für altmodische Spinner, aber das stört uns nicht. Wir wissen, daß Charles II. und Elaine II., unsere Alter Egos, uns recht geben würden.

Eins muß noch erwähnt werden. Einmal wachte Elaine nachts in einem Zustand völliger Hysterie auf. Sie hatte einen Alptraum gehabt. Darin träumte sie, daß Charles II. und Elaine II. die echten Menschen gewesen wären, denen die Flucht aus der Unmenschlichkeit des Lebens auf der Erde zu einer neuen, einfacheren und lebensfreundlicheren Welt geglückt ist. Und wir waren die Roboter, die sie an ihrer Stelle zurückgelassen hatten, so programmiert, daß wir uns für Menschen hielten.

Ich erklärte Elaine, wie lächerlich so ein Gedanke war. Es kostete mich viel Zeit, sie davon zu überzeugen, aber es gelang mir schließlich. Wir sind nun glücklich und führen ein gutes, produktives, von gegenseitiger Zuneigung erfülltes Leben. Aber jetzt ist es Zeit, diese Niederschrift zu beenden und wieder zurück an die Arbeit zu gehen.

Endstation Zukunft

Hauptzeitlinie Gleister, Zeitspur Eins:

Charlie Gleister hatte eine Zeitmaschine erfunden, aber irgendwie hatte er sie nicht ganz richtig erfunden, denn sie funktionierte nicht. Seine Maschine war etwa halb so groß wie einer dieser weißen Schuhkartons. Überall waren Skalen, Knöpfe, Schalter und Lampen angebracht. Sie machte komische Geräusche, wenn Charlie sie einschaltete. Ihre Glühbirnen blitzten abwechselnd grün und purpur auf, und sie jagte Charlie einen angenehmen Schauer über den Rücken. Charlies Maschine machte eine gute Lightshow, wahnsinnige Geräusche und irre Stimmung, nur Zeitreisen kamen nicht dabei heraus. Eine Zeitmaschine wurde erst später daraus, nachdem Charlie aus der Zukunft das nötige Know-how mitgebracht hatte, um die Maschine so einzustellen, daß sie in der Gegenwart anständig funktionierte. (Natürlich haben wir es hier mit einem Paradoxon zu tun. Zeitreisen stecken voller Paradoxe. Bei Licht besehen, arbeitet das ganze Universum mit Paradoxpower!)

Da saß Charlie also nun an einem wunderschönen September-Nachmittag in seinem Kellerlaboratorium in der Apple Street von Harvest Falls, einem Kaff in Indiana, das mit der ganzen Sache nichts zu tun hat, bastelte an seiner Maschine herum und redete dabei laut mit sich selbst, was sich etwa so anhörte: »Oszillationentwicklungsfaktor negativ . . . Zweitsicherungsverstärker . . . Recycling-Amplitude unendlich . . . zweiter Energierefletionskoeffizent . . .« Dies ist die angemessene Sprache für ein Genie, das sich mit sich selbst unterhält, und Charlie war ohne Zweifel genial, auch wenn Myras Vater ihn für einen »spinnerten Vollidioten« hielt. Myras Vater war der Inhaber der führenden Bank von Harvest Falls und ein begeisterter Anhänger der Amateur-Psychometrie. Myra war Charlies Verlobte. Gerade im Augenblick fuhr sie mit Carter Littlejohn durch die Gegend, früher einer der besten Wasserballtorwarte des Mittelwesten, heute Verkäufer in der Lokomotivenbranche und der zukünftige Vater von Myras illegitimer Tochter Hilda. Gleisters Eltern lebten in einem Wohnwagenpark in Jupiter, Florida, spielten jeden Freitag Bingo und schrieben Charlie an jedem Ersten im Monat einen Brief. Diese interessanten Leute spielen allerdings in der Geschichte leider keine Rolle. Gleister hatte außerdem einen Onkel Max, der in Key West lebte und als Pinokel tragender Muschelkönig eine gewisse lokale Berühmtheit besaß. Auch er spielt in der Geschichte keine Rolle. Außer Charlie Gleister spielt überhaupt niemand in dieser Geschichte richtig eine Rolle, und Charlie spielt eine ganz entschieden viel zu große Rolle oder viel zu viele Rollen, dazu kann man unterschiedliche Standpunkte einnehmen. Aber so geht es einem eben, wenn man anfängt, wie Charlie Gleister zwischen den Zeitspuren herumzuhüpfen.

Einstweilen saß er jedenfalls vor seiner Werkbank, setzte winzige Schaltkreise zusammen und nahm sie wieder auseinander, beschmierte sich seinen weißen Kittel dabei mit Öl und fluchte in recht gemäßigten Tönen, während er darauf wartete, daß sich ihm die Zukunft, der Weltgeist oder die Börsenkurse von nächsten Freitag offenbarten oder überhaupt irgend etwas passierte.

Und dann passierte etwas. Eine Stimme hinter ihm sagte: »Äh, entschuldige bitte.«

Hauptzeitlinie Gleister, Zeitspur Eins plus Zwei:

Die Haare an Gleisters Nacken stellten sich senkrecht, denn er wußte genau, daß er die Labortür fest abgeschlossen hätte. Seine Hand faßte instinktiv nach einer Waffe. Idiotischerweise war es ein dreißig Gramm wiegendes Millimetermaß, um das seine Finger sich verkrampften. Dann drehte er sich langsam um.

»Ich wollte dich wirklich nicht erschrecken«, versicherte der Mann hinter ihm. »Aber es ging einfach nicht anders. Es handelt sich um eine sehr wichtige Sache.«

Charlie löste erleichtert seinen Griff von dem tödlichen Millimetermaß. Der Mann schien tatsächlich kein drogensüchtiger Kellerplünderer zu sein. Es handelte sich um einen langen, schlaksigen Kerl von Charlies Alter mit einem langen, vertrauenerweckenden und freundlichen Gesicht. Er hielt einen weißen Schuhkarton mit Skalen, Knöpfen, Schaltern und Lampen daran in der Hand, und irgendwie kam er Charlie bekannt vor.

»Kenne ich Sie nicht irgendwoher?« fragte Charlie.

Der Fremde grinste, sagte aber nichts. Charlie sah ihn sich an, sah den weißen Kittel mit den Ölflecken, die Khakihosen, die McCann-Gesundheitsschuhe . . .

»Oh, mein Gott«, stellte Charlie fest, »Sie sehen ja aus wie ich.«

»Ich bin du«, sagte der Fremde. »Oder du bist ich. Oder, um es noch genauer zu sagen, wir sind beide Charlie Gleister, jeder von einer anderen Zeitspur.«

»Wie ist das möglich?« fragte Gleister.

»Also das ist eine ausgesprochen blöde Frage, wenn *du* sie stellst«, erwiderte der andere Gleister, »schließlich hast du doch die erste Zeitmaschine der Welt erfunden und bist damit der Welt führender Experte in allen Fragen bezüglich der Natur der Zeit.«

»Aber bis jetzt habe ich sie doch noch gar nicht erfunden, jedenfalls keine, die funktioniert.«

»Sicher hast du sie erfunden. Oder du wirst es jedenfalls bald, was schließlich auf dasselbe herauskommt.«

»Bist du überzeugt davon? Ich scheine bisher immer eine Kleinigkeit falsch zu machen. Könntest du mir da einen Tip geben, wie ich weiterkomme?«

»Na, klar«, meinte der andere Gleister. »Erinnere dich nur daran, daß die Realität eine Frage des Standortes ist und daß nichts zum ersten Mal passiert.«

»Vielen Dank«, sagte Gleister, nicht sehr überzeugt. »Laß mal sehen, ob ich das richtig verstanden habe. Ich bekomme meine Zeitmaschine bald ans Laufen, gehe in die Zukunft, komme von dort wieder zurück und treffe mich selbst, gerade bevor ich die Zeitmaschine erfinde.«

Der andere Gleister nickte.

»Bißchen unheimlich ist das ganze schon, meinst du nicht?« fragte Charlie.

»Überhaupt nicht«, versicherte der andere Gleister. »Du kommst in die Gegenwart, die von jetzt gerade, zurück, um dich zu beknien, keine Zeitmaschine zu erfinden.«

»Keine Zeitmaschine zu erfinden?«

»Genau das.«

»Moment mal«, setzte Gleister nach. »Nun noch mal alles von vorne. Ich erfinde eine Zeitmaschine und gehe in die Zukunft, und dann komme ich in die Gegenwart zurück und erzähle mir, daß ich besser keine Zeitmaschine erfinden soll. Ist es das, was ich mache?«

»Das machst du. Aber du brauchst nicht weiter von uns beiden in der ersten Person zu sprechen – wir sind nicht ›ich‹. Wir sind beide Charlie Gleister, aber wir sind trotzdem getrennte Individuen, denn wir stammen von verschiedenen Zeitspuren und wir sind/werden/wurden von unterschiedlichen Erfahrungen geprägt, die wir zu unterschiedlichen Momenten unserer subjektiven Zeit machen, gemacht haben oder machen werden. Wenn wir also auch dieselben Leute sind, so sind wir doch verschieden, weil die Realität eben eine Frage des Standortes ist.«

»Wenn du es sagst, muß es stimmen«, sagte Gleister. »Oder wenn ich es sage . . . Ich glaube, ich bin gerade dabei, etwas hysterisch zu werden . . . Warum soll ich denn die Zeitmaschine nicht erfinden, die ich erfunden haben werde?«

»Weil sie für böse Zwecke mißbraucht werden wird.«

»Kannst du bitte etwas genauer sein?«

»Du mußt es einfach glauben, weil ich es dir sage. Ich muß jetzt hier verschwinden. Daß du und ich uns in der Vergangenheit zusammen unterhalten, stellt ein regressives Zeitparadoxon dar, das sich nur für wenige Minuten aufrechterhalten läßt und dann sich selbst aufhebt. Natürlich gibt es auch progressive Zeitparadoxe, aber die sind eine andere Sache. Du wirst das alles ja noch selbst lernen. Glaube mir, tu dir selbst etwas Gutes und erfinde keine Zeitmaschine.«

Der andere Gleister begann schwach zu schimmern und verblaßte. »He, warte«, schrie Charlie, »da sind noch ein paar Fragen . . .«

»Entschuldige, aber ich bin hier eben nur von kurzer Dauer«, antwortete der andere Gleister. Das Schimmern verstärkte sich, und seine Gestalt wurde durchsichtig. »Wenn du noch was zum Abschied hören willst«, meinte der andere Gleister, »wie wäre es damit: Wir sehen uns öfter.«

Dann war der andere Gleister verschwunden.

Hauptzeitlinie Gleister, Zeitspur Eins:

Nachdem der andere Gleister weg war, brauchte Charlie nur einen kurzen Augenblick, um über die Erfindung einer Zeitmaschine zu entscheiden. Er mochte es nicht, wenn ihm jemand Befehle gab, selbst wenn dieser jemand sich selbst er selbst nannte, was sowieso fragwürdig war, schließlich war die Realität ja Frage des Standortes. Wenn es so wichtig war, keine Zeitmaschine zu erfinden, sollte der andere doch keine erfinden.

Charlie machte sich sofort wieder ans Werk, und nachdem er nun wußte, daß die Sache möglich war, dauerte es keine zwei Stunden, bis seine Maschine tatsächlich funktionierte. Nichts im Universum geschieht zum ersten Mal, besonders dann nicht, wenn du vorhast, etwas absolut Neues und noch nicht Dagewesenes zu erfinden. Wenn aber nichts zum ersten Mal passiert, bleibt natürlich die Frage offen, wie denn überhaupt irgend etwas passieren soll. Aber diese Schwierigkeit liegt mehr auf der semantischen Ebene. In der endlosen Wiederkehr aller subatomaren Teilchenkonfigurationen, von denen unser Makrokosmos nur das Abbild ist, stellte sich die Frage nach Anfängen oder Enden nicht. Es gibt nur Durchschnittswerte, Reihen und Wiederholungen. Originalität ist ein Konzept, daß nur möglich wird, wenn man einen begrenzten Beobachtungsraum hat. In der Unendlichkeit gibt es keine Originalität.

Da war also Charlie mit seiner nun voll funktionsfähigen Zeitmaschine, die ordentlich in der weißen Plastikschachtel von der halben Größe eines Schuhkartons untergebracht war, und nun macht Charlie sich auf eine Reise in die Zukunft. Aber wie? Man beachte: Raum und Zeit sind potentiell gleichwertige Größen. Mit Hilfe des *Deus ex machina* einer Zeitmachine läßt sich die eine

Größe in die andere transformieren oder umgekehrt. Nehmen wir zum besseren Verständnis eine einfache Analogie zu Hilfe: Wir haben fünf Apfelsinen und drei Äpfel. Wir möchten sie gerne addieren. Um eine solche Addition durchführen zu können, müssen wir Äpfel in Apfelsinen umwandeln oder Apfelsinen in Äpfel oder beide in irgend etwas anderes. Die Formel zur Transformation von Äpfeln in Apfelsinen lautet:

$$\frac{\text{Geschmack}}{\text{Aroma}} + \sqrt{\text{Farbe}}\,(\text{Samen})^2$$

Mit Raum-Zeit-Gleichungen verfährt man entsprechend, nur die Formel ist etwas anders. Eine Zeitmaschine ist nichts weiter als ein Realzeit-Raum-Zeit-Umsetzer, der auf der Basis recylerter Quantenschnittpunkt-Energiereste arbeitet. Natürlich ist die praktische Umsetzung der Sache ein wenig komplizierter, und Charlie Gleister ist der einzige, dem sie jemals gelungen ist. Letzteres scheint nun wieder eine Vergewaltigung des Naturgesetzes der Ewigen Wiederkehr zu sein. Aber auch die Einmaligkeit unterliegt der Wiederholung, wie wir noch sehen werden.

Gleister schaltete seine Maschine so, daß sie auf die entfernteste Reisemöglichkeit in der zeitlichen Vorwärtsrichtung programmiert war – nach menschlicher Zeit so etwa einige Millionen Jahre in der Zukunft, aus der Sicht eines Sternes einige Stunden und der Betrachtungsweise eines Paramecium ein Gugel von Chilkosmen. Er drückte den Einschaltknopf. Etwas passierte.

Auf Gleisters Bewußtseinsebene stellte es sich so dar, als reiste er auf einer geraden Linie von der Vergangenheit in die Zukunft. Von dieser Linie zweigte ein Geäst von Nebenlinien ab, wo Zufall und Möglichkeit es anboten. Aber auf einer Ebene höherer kosmischer Einsicht ist eine Zeitspur eine feste Kreisbahn um ein unvorstellbares Zentrum, und was wie eine Abzweigung erscheint, ist nur ein Knäuel in diesem unentrinnbaren Kreis. Nur die makrokosmische Betrachtungsweise erlaubt die Vorstellung einer geraden Linie, die zu etwas Neuem führt. Der Mikrokosmos ist das Reich der Kreisförmigkeit und der Wiederholung. Der Schnittpunkt dieser beiden verschiedenen Wirklichkeitsebenen ist der Zufall. Die Zufallswahrscheinlichket ist eine Funktion aus Häufigkeit und Geschwindigkeit. Je schneller und häufiger etwas passiert, desto höher wird die Wahrscheinlichkeit, daß es sich wiederholt. Reise schnell genug und weit genug und lang genug, und du hast die wahre kosmische Landschaft vor dir – die verfluchten Gefilde der ewigen Wiederkehr.

Gleister erlebte ein kurzes Schwindelgefühl (den Quaestura-Effekt), und dann war er da. Der Welt erster Zeitreisender stand in einer unvorstellbar fernen Zukunft. Vor Aufregung zitternd sah er sich um.

Das erste, was ihm auffiel, waren die Polizisten.

Hauptzeitlinie Gleister, Zeitspur Eins Variation A:

. . . entschlossen meine Augen und Ohren offen und meinen Mund geschlossen zu halten. Eine der ersten Sachen, die ich entdeckte, war der Gewöhnungseffekt, der meine neuen Eindrücke sofort dem Vertrauten anpaßte (Untrennbarkeit von Subjekt und Objekt der Betrachtung, Konstanz der Sinneswahrnehmung, solange die Sinne konstant bleiben). Es ist mir alles hier so vertraut! Ich vermute, daß ein Elektron, wenn es von einem Atom zum anderen reist, auch jedesmal erwartet, ein Reich unvorstellbarer Neuartigkeit zu betreten. Aber vielleicht sieht sich das Universum im großen und ganzen in allen Teilen ziemlich ähnlich. Wie man die Dinge sieht, ist abhängig davon, wer sie sieht, und nicht, was man sieht.

Nicht anders verhält es sich mit der sprachlichen Anpassung. Sprechen sie hier meine Sprache oder spreche ich ihre? Das werde ich wohl nie herausbekommen: Man kann nicht mit der Brille, durch die man sieht, die Brille ansehen, durch die man sieht.

Ich befinde mich hier in der Stadt Mingusville 32 S. Es gibt mindestens vier verschiedene uniformierte Polizeitruppen auf den Straßen – städtische, politische, geheime und Sonderpolizei. Ich habe mir die Tarnexistenz eines nepalesischen Soziologiestudenten zugelegt, der an einer Examensarbeit über »Menschliche Erfüllung dank Konformität« arbeitet. (Ein Thema, das für die Autoritäten sämtlicher Epochen akzeptabel ist und zudem meinen Chi-Chi-Akzent erklärt sowie die Lücken in meinem Gegenwartswissen.)

Mingusville 32 S ist ein baufälliges Kaff, das einige interessante technologische Rückentwicklungen aufweist: dampfgetriebene Wagen, die mit getrocknetem Kuhdung geheizt werden, zum Beispiel, daneben auch von Pferden gezogene Karren (auch solche mit Ochsen, Mauleseln oder sogar Kamelen davor). Liegt das daran, daß die fossilen Brennstoffe inzwischen völlig aufgebraucht sind? Und was, um alles in der Welt, ist aus der Atomkraft geworden?

Mingusville besitzt ein rudimentäres öffentliches Nachrichtensystem, aber nur Staatsbedienstete haben einen individuellen Telefonanschluß. Elektrizität ist rar und teuer, alle entsprechenden Anlagen sind Luxusgüter erster Ordnung. Ich schätze, daß zwei Drittel der Häuser mit Kerosinlampen beleuchtet sind. Kein Gebäude hat mehr als drei Stockwerke, alle sind häßliche Ziegelbauten, manche mit Fachwerk oder Holzverkleidungen. Das Stadtzentrum beherrscht ein großer offener Marktplatz, der von riesigen Polizeikasernen umstanden ist. Mein Eindruck von den Menschen hier ist, daß sie ereignislose, reizlose und mutlose Leben führen. Die verbreiterte Langeweile spiegelt sich in der Angewohnheit wider, alles stehen und liegen zu lassen, um für ein paar Stunden mit einem Fremden wie mir zu schwätzen.

Ich erfuhr, daß es eine ganze Reihe von verbreiteten Seuchen in der Gegend gibt, gegen die offenbar nicht viel getan wird, dazu gehören Hirnhautentzündungen, Gelbfieber und Kinderlähmung (vor sechs Jahren wurde das Land von Pest- und Choleraepedemien verwüstet). Es gibt viele Bettler auf den Straßen, obwohl Betteln vom Imperator verboten ist. Weiße und Farbige sind in der Bevölkerung etwa gleich stark vertreten. Ich konnte bisher keinerlei Unterschiede im sozialen Status feststellen, die von der Hautfarbe abhängen: jeder hier scheint gleich heruntergekommen zu sein.

Das einzige interessante Spiel in der Stadt ist die Regierung. Ein einziger Mann herrscht über die ganze Welt – der Imperator Mingus. Er herrscht mit einem der üblichen Polizeistaats-Systeme. Mingus ist der uns allen bekannte typische paranoide Faschist, der jeden von jedem überwachen läßt. Überall sind Kameras und Aufnahmegeräte versteckt. Es muß Tausende von Meilen voller Filme und Bänder geben, Legionen von Leuten, die die Aufzeichnungen überwachen, andere Leute, die die Überwacher überwachen, und immer so weiter, bis an der Spitze der Überwachungspyramide Imperator Mingus als Überwacher aller Überwacher sitzt. Ich hätte nie geglaubt, daß man die Welt auf diese Art unter Kontrolle bekommen kann, aber Mingus scheint recht erfolgreich zu sein.

Er bedient sich dabei einer geheimen Waffe. Es hat den Anschein, als befände Mingus sich im Besitz einer Zeitmaschine. Wenn irgend etwas schief läuft, kann er jedesmal (abgesehen von einigen natürlichen Einschränkungen) in die Zeit zurückgehen und es korrigieren. Das ist eine verteufelt gute Methode, um sich alle Führer und Mitglieder irgendwelcher Untergrundbewegungen vom Hals zu halten: man braucht ihretwegen keine Stadt oder gar Region zu bombardieren, sondern man geht einfach zurück in die Zeit, bevor sie in den Untergrund gingen – sagen wir direkt in ihre zarteste Kindheit –, und tötet sie dort.

Die Sache hat jedoch ihre Grenzen und zwar in erster Linie physische. Mingus muß alles selber machen. Er kann seine Zeitmaschine niemandem anderes anvertrauen, denn diese Person könnte in die Vergangenheit gehen, Mingus töten und sich selbst zum Imperator aufbauen.

Aber selbst mit diesen Einschränkungen gibt die Maschine Mingus eine absolute und unheimliche Macht. Trotzdem existiert tatsächlich noch immer eine Widerstandsbewegung. Nicht jeder kann so genau lokalisiert werden, daß er über die Zeitmaschine auszuschalten ist. Die leicht verwundbaren Gegner sind längst eleminiert. Mingus' ganzer Staatsapparat widmet sich der Aufgabe, all jene auszumachen und zu vernichten, die Mingus nicht selbst mit der Maschine beseitigen kann.

Die Leute haben mir erzählt, diese Zeitmaschine sähe aus wie ein Schuhkarton aus weißem Plastik. Wenn sie sich unbeobachtet fühlen, verfluchen die Menschen Gleister, den verdammten Schurken, der die Zeitmaschine erfunden hat. Das Wort ›gleistern‹ gibt es inzwischen in allen Sprachen der Welt. ›Dich werde ich gleistern‹ ist die schlimmste Drohung, und ›du verdammter Gleister‹ ist die furchtbarste Beleidigung.

Es gibt noch eine Menge mehr über diese Welt herauszufinden, aber ich muß abwarten. Ich habe soeben erfahren, daß ich ein absoluter und widerlichster Gleister bin und daß ich die ganze menschliche Rasse auf das gemeinste begleistert habe. Dagegen muß etwas unternommen werden.

Hauptzeitlinie Gleister, Zeitspur Eins Variation A in der 12. Dauer + Hauptzeitlinie Gleister, Zeitspur 5 + Nebenlinie Gleister 32:

Gleister setzte sich auf eine Bank im Mingus-Gedächtnis-Park, um sich die Sache noch einmal in Ruhe durch den Kopf gehen zu lassen. Was sollte er tun? Sein erster Gedanke war, in der Zeit zurückzuspringen bis kurz vor den Zeitpunkt, an dem er die Zeitmaschine erfunden hatte und sie einfach nicht zu erfinden. Aber das würde nicht funktionieren, soweit man die Erfahrungen des anderen Gleister beurteilen konnte. Nicht nur, daß man in den selben Fluß nicht zweimal steigen kann; auch man selbst ist nicht mehr derselbe beim zweiten Mal. Alles verändert alles. Es gab keine Zeitnische in der Vergangenheit, die auf ihn wartete, damit er von dort aus wieder von vorne anfangen könnte. Die Natur ist bereit, ein Paradox zu tolerieren, aber sie verträgt kein Vakuum.

Es schien keinen Sinn zu ergeben, wenn er zurückging und einen anderen Gleister überzeugte, keine Zeitmaschine zu erfinden. Er würde ihn nicht überzeugen können, das war ja schon bewiesen. Es war auch nicht nur ein Gleister zu überzeugen; es gab eine Vielzahl von potentiellen Gleisters, jeder mit ihm selbst identisch bis zu dem Moment des Kontaktes, und jeder von diesem Moment an von ihm selbst verschieden. Auch diese Erkenntnis ergab sich unausweichlich: wie das Universum ist der menschliche Geist ein ausgefüllter Raum, der seinen Inhalt ständig umwälzt. Eine Ergänzung des Inhalts führte zu einer Neuverteilung und zu einer Veränderung der Umwälzungsgeschwindigkeit. Gleister konnte nur er selbst bleiben, wenn er sich nicht selbst in das Handwerk fuschte.

Aber die Lage, in die er die Welt gebracht hatte, war absolut unerträglich. Er war wild entschlossen, etwas dagegen zu unternehmen. Nur was?

Er saß da und dachte nach, während er sich auf unangenehme Art ständig vergegenwärtigen mußte, daß zumindest noch ein anderer Gleister schon das gleiche getan hatte. Wie viele andere Gleister würden noch hier sitzen und sich verzweifelt Alternativen überlegen?

Aber das waren defätistische Überlegungen. Bei einer bestimmten Betrachtungsweise gab es eine (potentielle) Vielzahl von Gleisters; aber aus einer anderen Sicht gab es nur einen, und dieser eine war er. Letzten Endes tat es nichts zur Sache, wie diese anderen sich nannten und woher sie kamen. Er war nur die Person, die sich im Augenblick hier befand, hier und jetzt, die Person, die er an sich selbst erlebte. Die Realität ist eine Frage des Standortes, das Ego eine des kausalen Erlebniszusammenhanges, und die Natur gibt sich nicht mit Abstraktionen ab.

Welche ganz spezifischen Möglichkeiten hatte er also hier und jetzt? Er konnte hier in der Zukunft bleiben (welche seine operationelle Gegenwart war), sich verkleiden und auf eine Chance warten, den Imperator auszuschalten.

Er konnte fünfzig oder hundert Jahre in die Vergangenheit zurückgehen, in eine Zeit, bevor Mingus an die Macht kam, den zukünftigen Imperator lokalisieren, wie dieser es mit seinen Gegnern gemacht hatte, und ihn töten.

Oder, falls Mingus in der Lage war, sich gegen solche Angriffe durch seine Zeitmaschine zu schützen, konnte Gleister statt dessen eine Organisation zum Sturz des Imperators gründen, noch bevor Mingus Macht zu deren Beseitigung besaß.

Es war unmöglich, alle Variablen der verschiedenen Pläne durchzudenken. Er mußte sich einfach einen herausfischen und an die Arbeit machen. Aber welchen? Da gab es nur noch das Gesetz des Zufalls: ene, mene . . .

Gleister sah überrascht auf, als sich gerade in diesem Augenblick ein Mann neben ihn auf die Bank setzte. Der Mann war über fünfzig, bärtig und dunkel gekleidet. Er trug einen Diplomatenkoffer. Er sah wie ein Geschäftsmann oder ein mittlerer Beamter aus.

»Sind Sie neu hier?« fragte der Mann.

»In gewisser Weise«, gab Gleister vorsichtig zu. »Ich bin Student hier.«

»Woher kommen Sie?«

»Von der Universität Ost-Bengalen. Der neugegründeten, nicht der alten. Ich habe hier eine Forschungsarbeit.« Hör auf rumzuschwätzen, befahl Gleister sich selbst.

»Die Studienzeit ist vielleicht die beste im ganzen Leben«, meinte der Mann lächelnd. »Ich kann mich noch sehr gut an meine eigene erinnern.«

»Wo haben Sie studiert?« fragte Gleister höflich.

»Ich besuchte die Universität von Ohio«, erzählte der Mann. »Aber ich habe es nie zur Graduierung gebracht.

Zuviel Arbeit, die ich draußen in der Welt zu tun hatte. Nun ja, daran läßt sich jetzt nichts mehr ändern.«

»Nein, daran kann man wohl nichts mehr ändern«, bestätigte Gleister nachdenklich. Das Gespräch behagte ihm immer weniger. Er hatte selbst auch die Universität von Ohio besucht.

»Wozu brauchen Sie denn diesen weißen Kasten, den Sie da bei sich haben?« fragte der Mann abrupt. »Sind Ihre Studienbücher da drinnen?«

»Ja. Oder eigentlich, nein«, erwiderte Gleister. »Er ist ein wenig zu klein für Bücher. Ich habe Bandaufnahmen von den Vorlesungen darin.«

»Tatsächlich?« fragte der Mann. »Wissen Sie, es ist schon ein beinahe unheimlicher Zufall, aber ich habe einen Kasten, der ganz genauso aussieht.« Er öffnete seinen Diplomatenkoffer. In ihm lag ein weißer Kasten, der mit Gleisters Kasten identisch war. Daneben lag eine Pistole. Beides war hübsch in rotem Samt eingefaßt.

Der Mann nahm die Pistole heraus und richtete sie auf Gleister.

»He, warten Sie mal! Seien Sie vorsichtig mit so einem Ding!« entfuhr es Gleister. Ihm wurde langsam aber sicher flau im Magen, denn er konnte sich nur zu gut vorstellen, was jetzt passieren mußte.

»Geben Sie mir Ihren weißen Kasten«, sagte der Mann. »Reichen Sie ihn mir ganz vorsichtig an, langsam und ohne an einen der Knöpfe zu kommen.«

»Wer sind Sie?« fragte Gleister.

»Man kennt mich in den verschiedenen Gegenden der Erde unter verschiedenen Namen«, erklärte der Mann. »Aber am besten bin ich unter dem Namen Mingus bekannt.«

»Sie sind der Imperator!« rief Gleister.

»Zu Ihren Diensten«, antwortete der bärtige Mann.

»Und nun geben Sie mir bitte ganz langsam den Kasten.«

Gleisters Zeigefinger lag bereits auf dem Aktivierungsknopf. Er konnte den Blick des Imperators förmlich auf seiner Hand fühlen und die Drohung darin, ja nicht auf den Knopf zu drücken. Gleister erinnerte sich nur zu gut daran, daß zwischen dem Einschalten der Maschine und dem tatsächlichen körperlichen Verschwinden eine kurze Zeitspanne lag, die ausreichte, eine Kugel zwischen die Rippen zu bekommen. Er hatte keine Chance. Langsam reichte er seinen Kasten dem Imperator.

»Richtig so, ganz langsam und vorsichtig«, sagte Mingus.

Dann bemerkte Gleister ein Schimmern in der Luft hinter dem Imperator. Irgend etwas würde gleich passieren, und was immer es auch sein mochte, es konnte unter diesen Umständen für Gleister nur von Nutzen sein.

»Sehen Sie«, erklärte er dem Imperator, »wir sollten die Sache erst einmal in Ruhe durchsprechen. Vielleicht gibt es einen Kompromiß, der sich finden läßt.«

»Was haben Sie vor?« Mingus' Zeigefinger krümmte sich nervös um den Abzug. Eine unfreiwillige Bewegung von Gleisters Augen warnte ihn, daß hinter ihm etwas vorging. Er wirbelte herum, gerade als ein anderer Gleister sich anschickte zu materialisieren.

Der Imperator feuerte sofort auf den Neuankömmling, schien damit jedoch keinerlei Wirkung zu erzielen. Charlie Gleister hatte die schwache rötliche Aura um den anderen Gleister bemerkt und wußte sofort, daß es sich nicht um eine echte körperliche Materialisation handelte, sondern, wie sein trainiertes Auge erkannte, um die Pseudo-Doppler-Reflektion von Gleisters eigener Zeitreise. Während er noch hinsah, verblaßte das Bild bereits wieder.

Der Imperator wandte sich zurück zu Gleister, aber der hatte bereits den Knopf gedrückt.

Hauptzeitlinie Gleister, Zeitspur Eins in der 12. Niedrigwahrscheinlichkeitsschlaufe:

Nichts klappt, wenn man es zu eilig hat. Charlie Gleister drückte so fest auf den Aktivierungsknopf, daß der Knopf sich verklemmte und dabei auch gleich noch die Hochenergie-Sicherung blockierte. Unkontrollierte und ziellose Energie raste durch die Zeitmaschine, verwandelte die Hauptschaltkreise in Roulette-Beschleunigungsmesser und führte zu einer sofortigen geometrischen Vervielfachung der Akkumulationszentren. Energie überflutete das n-dimensionale Netz von Vergangenheiten/Gegenwarten/Zukünften und suchte sich ein Ventil, das sie schließlich durch den Sprung über eine ganze Wahrscheinlichkeitsmagnitude fand – ein Sprung in ein Universum niedriger Wahrscheinlichkeitszustände.

Als Gleister wieder zu sich kam, stand er auf einer flachen, konturlosen Ebene. Der gleißende weiße Himmel über ihm pulsierte in Ballungen formloser Schwärze. Gleister hörte einen melancholischen, leicht schmalzigen Gesang. Der Gesang schien von einem Stück Kalkstein neben seinem rechten Fuß zu kommen.

»Bist du das, der da singt?« erkundigte sich Gleister.

»Yeah, Baby, das bin ich«, bestätigte der Kalkstein mit einer tiefen traurigen Stimme. »Seit dem Anfang der Welt singe ich hier meinen Blues.«

»Wie lange ist das genau?« fragte Gleister.

»So etwa dreihundert Jahre, würde ich sagen. Hast du irgendeine Ahnung, wo oder was oder warum dieser Ort hier ist?«

»Ich kann nur mit einer immerhin akademisch fundierten Theorie dienen«, erwiderte Gleister. »Man kann die Hypothese aufstellen, daß wir uns in einem Universum niedriger Wahrscheinlichkeit befinden. Die theoretische Existenz eines solchen Ortes gilt als gesichert. Hohe und niedrige Wahrscheinlichkeit sind natürlich nur Begriffe des statistischen Auftretens bezogen auf unsere Lebenserfahrung. Kannst du mir so weit folgen?«

»Tja, Baby, so in etwa, würde ich sagen«, antwortete der Kalkstein. »Also, wenn du von einer akademischen Theorie sprichst, meinst du wirklich eine *akademische*. Könntest du mir die Sache nicht in normales Englisch übersetzen?«

»Ja, also . . . In meinem speziellen eigenen Fall gab es so etwas wie einen ganz großen Knall, und ich wurde raus aus der Welt direkt hierher geschleudert.«

»He, das ist ja genau das gleiche, was mir passiert ist«, sagte der Kalkstein. »Wie ich an diesem schicksalhaften Tag im Jahre 1945 dazu kam, im Wigwam-Club von Hiroshima Tenorsaxaphon zu spielen, ist allerdings eine Geschichte, die für den Augenblick wohl etwas zu weit führen würde. Hast du eine Idee, wie wir hier wieder wegkommen?«

»Ich nehme an, wir müssen einfach abwarten, bis es eben passiert«, sagte Gleister. »Unter normalen Wahrscheinlichkeitsgesichtspunkten stehen die Chancen dafür ziemlich schlecht, aber wenn dies hier, wie wir annehmen wollen, ein Universum niedriger Wahrscheinlichkeitszustände ist, dann stehen die Chancen, daß hier bald so etwas ganz Unwahrscheinliches, wie unsere Rückversetzung, geschieht, einfach ausgezeichnet, denn alle Sachen von niedriger Wahrscheinlichkeit sind hier ja besonders wahrscheinlich.«

»Stelle einem Mann eine wirklich ernste Frage, und er

nimmt dich sofort auf den Arm«, beklagte sich der Kalkstein.

»Nein, nein. Was ich gesagt habe, war ganz ernst gemeint.«

»In diesem Fall, Baby, so leid mir es tut, das so deutlich sagen zu müssen, hast du irgendwo eine Riesenschraube locker.«

»Jedenfalls bin ich noch nicht verkalkt«, meinte Gleister, fügte aber schnell hinzu: »Nicht, daß ich dich wegen deiner ingeniösen Verkörperung in dieser Welt für irgendwie minderwertig halten würde.«

»Klar, Baby, alles klar«, erwiderte der Kalkstein mit einem Sarkasmus in der Stimme, der so dick war, daß man sich davon eine Scheibe hätte abschneiden und damit eine Schnitte des tibetanischen Fladenbrotes belegen können, das gerade auf der hölzernen Bank aufgetaucht war, auf der die verschiedenen Meßinstrumente standen, die Gleister brauchte, um die Richtigkeit seiner gerade verkündeten Theorien auf akademisch nicht anfechtbare Weise zu überprüfen.

*

In einem Universum, in dem man ständig im Lotto gewinnen würde – nichts anderes bedeutet ja niedrige Wahrscheinlichkeit –, ist es schwierig, Dinge von Dauer zu entdecken, muß man sehr clever sein, um Wiederholungen zu bemerken, und ist es hart, irgendwelche Sicherheiten zu finden. Aus historischer Sicht verkörpern die Zustände niedriger Wahrscheinlichkeit das Paradies. Sie sind die bevorzugten Urlaubsziele der Haschaschinen, der Mystagogen und der Doper. Im Allgemeinen sind es ausgesprochen tolle Gegenden, weshalb die meisten Leute nie dorthin gelangen.

Es gibt einige Niedrigwahrscheinlichtswelten, in denen nicht viel passiert und die ganze Sache so langweilig ist wie Nachsitzen an einem Sommertag. Aber für gewöhnlich ist dort eine Menge los, und man verbringt eine tolle Zeit.

Gleisters Welt war ein hübscher Platz. Es gab immer eine Menge Mädchen, die herumliefen und fragten: »He, Mann ist das hier Katmandu?« Ein Berg von einem Zuckerhut erschien, und ein Zitronenbaum, und auf dem Weg der niedrigsten Wahrscheinlichkeit entwickelte sich daraus in relativ kurzer Zeit eine Limonadenfabrik.

Wie der Kalkstein zu sagen pflegte: »Kann sein, daß hier nicht die Wirklichkeit ist, aber man kann's aushalten, bis die wirklich echten Sachen kommen.«

Es war daher mit einem Gefühl echten Bedauerns, als Gleister eines Tages am Himmel die Worte aufleuchten sah: »D-d-d-da-da-das war's, Leute!« Schnell verabschiedete er sich von dem Kalkstein, der sich nun als Anti-Gleisterianisches Teilchen zu erkennen gab, und den Mädchen, die in Wahrheit belebte Gleisterianische Quanten waren. Dann hielt er völlig überflüssigerweise den Atem an für die kurze Transition, die folgte.

Hauptzeitlinie Gleister, Folgenkreuzung in der multiplen Zeitspurenkonjunktion

Gleister tauchte in einem großen, staubigen und überfüllten Versammlungsraum wieder auf, der (wie er später erfuhr) unter den Chrich-Kridarin-Vorbergen der Ruinen von Norfolk lag. Es war gut 234 Jahre vor Mingus' Aufstieg zur Macht.

In dem Saal befanden sich etwa hundert Männer. Die meisten von ihnen sahen wie Gleister aus. Das war auch nicht anders zu erwarten, denn alle Anwesenden *waren* Gleister.

Charlie erfuhr bald, daß es sich hier um eine Versammlung handelte, bei der man jedoch nicht recht weiterkam, weil es an einem Versammlungsleiter fehlte. Offensichtlich galt es zu allererst, einen zu wählen. Aber wie wählt man einen Vorsitzenden ohne die entsprechende Organisation? Und woher bekommt man die zur Wahl eines Vorsitzenden notwendige Organisation, wenn man keinen Vorsitzenden für sie hat, der sie Organisation organisiert? Ein verzwicktes Problem, das sich da stellte, besonders für die Gleister-Linie, zu deren Stärken noch nie soziales Lernen gehört hatte.

Jeder im Saal wandte sich Charlie Gleister zu, der als letzter Ankömmling vielleicht einen Lösungsvorschlag parat haben mochte.

»Nun«, meinte Charlie, »ich habe irgendwo mal gelesen, daß die Flachkopf-Indianer die Sitte hatten, den Krieger mit dem größten Wuchs zum Führer ihrer Kampf-, Jagd-, oder was sie sonst noch so für Gruppen hatten, zu wählen. Es können aber auch die Schoschonen gewesen sein.«

Alle Gleister nickten eifrig ihre Übereinstimmung. Sie hatten es schließlich auch alle gelesen; es war nur niemandem außer Charlie im Moment eingefallen.

Im Handumdrehen war der längste Gleister ausgeguckt, zum Vorsitzenden gewählt, *ad hoc* und *pro tem*, und auf das Podium geschickt.

»Ich bitte um Ruhe«, setzte der längste Gleister an. »Bevor wir uns nun an irgend etwas anderes machen, scheint es mir schlechterdings unmöglich, daß wir uns weiter alle gegenseitig ›Charlie Gleister‹ nennen. Das ist einfach zu verwirrend. Zum Zwecke einer geordneten Kommunikation zwischen uns schlage ich vor, daß wir uns zunächst jeder einen anderen Vornamen geben. Was haltet ihr davon?«

Es gab ein lautes zustimmendes Gemurmel im Saal.

»Dann würde ich vorschlagen, daß wir uns bemühen, alle recht ungewöhnliche Namen zu suchen«, fuhr der Vorsitzende fort, »denn fünfzig Toms und Georges sind kein großer Fortschritt gegenüber hundert Charlies. Ich fang mal selber an und nenne mich Egon. Die Sitzung ist für eine Viertelstunde unterbrochen, während der ihr euch taufen könnt.«

Nach einigen kurzen Überlegungen nannte Charlie Gleister (der, dessen Zeitspur wir bisher verfolgt haben) sich Hieronymus. Er schüttelte Michelangelo Gleister, der rechts neben ihm saß, und Chang Gleister zu seiner Linken die Hand. Dann bat der Vorsitzende wieder um Aufmerksamkeit.

»Mitglieder der Gleister-Haupt- und Nebenmöglichkeitslinien«, rief Egon, »ich heiße euch willkommen. Einige von euch haben diesen Ort gesucht und schließlich auch gefunden, andere stolperten offenbar durch Zufall hier herein, und noch andere befanden sich plötzlich hier, obwohl sie eigentlich auf dem Weg ganz woanders hin waren. Dies scheint also eine ausgesprochene Gleister-Sammelstelle zu sein, auch wenn ich nicht so genau zu sagen weiß, warum eigentlich. Nun, lassen wir diese Frage erst einmal auf sich beruhen. Ich glaube, ich komme einem allgemeinen Bedürfnis nach, wenn ich dies die Raum-Zeit-Widerstandszentrale gegen die Herrschaft des Imperator Mingus nenne. Möglicherweise weiß der Imperator von diesem Ort hier und davon, was wir vorhaben. Wir sind die einzige ernsthafte Gefahr für sein Regime. Viele von uns haben unerklärliche, beinahe tödliche Unfälle kurz vor der Erfindung unserer Zeitmaschine gehabt. Hinter einigen davon dürfte mit Sicherheit Mingus stehen. Wir müssen mit weiteren Anschlägen gegen uns rechnen.

Das wär's, was ich im Augenblick zu sagen habe. Ich bitte um Wortmeldungen aus dem Plenum.«

Ein Mann stand auf und stellte sich als Chalmers Gleister vor. »Hat irgendwer von uns etwas über die Identität dieses Mingus herausbekommen?« wollte er wissen.

»Soweit ich weiß, nichts«, antwortete Egon Gleister. »Er hat seine Herkunft sehr effektiv zu verschleiern gelernt. Es gibt nur eine offizielle Biographie, in der angegeben wird, der Imperator sei in Clearwater, Florida, geboren, als einziges Kind der Eheleute Anton und Myra Waldheim.«

»Hat das jemand hier überprüft?« fragte Chalmers.

Ein anderer Mann stand auf. »Marcos Gleister, mein Name. Ich habe da nachgeforscht. Ich kann nur berichten, daß Clearwater, gut dreißig Jahre bevor Mingus an die Macht kam, beim Durchschmelzen des Sage Creek Reaktors mit in die Luft flog.«

»Hast du versucht, Clearwater vor seiner Vernichtung einen Besuch abzustatten?«

»Ich versuchte es«, berichtete Marcos. »Aber ich fand nichts Positives dabei heraus. Die Waldheims können zum Zeitpunkt meiner Recherchen dort noch nicht gelebt haben, oder ihre Anwesenheit mag verschleiert worden sein, oder Mingus wählte Clearwater als besonders schwer überprüfbare falsche Spur.«

»Ist irgend jemand«, fragte Chalmers weiter, »im Zentralarchiv von Washington oder der Kongreßbibliothek, oder was es heute an vergleichbaren Einrichtungen gibt, gewesen? Wenn alle Waldheim-Eintragungen dort entfernt wurden, ist das ein aufschlußreicher Negativbeleg für Mingus' Indentität.«

»Bisher ist eine solche Untersuchung nicht erfolgt«, stellte der Vorsitzende Egon Gleister fest, nachdem es keine Meldung aus dem Plenum gegeben hatte. »Vielleicht könntest du dich selbst um diese Aufgabe kümmern?«

»Ich weiß nicht recht, wo ich anfangen soll«, erwiderte Chalmers.

»Das weiß keiner von uns. Unsere kollektiven Talente liegen mehr auf anderen Gebiten. Aber jemand muß diesen Job schließlich übernehmen.«

»Na, gut«, meinte Chalmers widerstrebend. »Ich kann's ja versuchen.« Dann setzte er sich wieder.

*

Es folgte eine längere allgemeine Debatte. Die Gleisters waren über Zeitreise, ihre Möglichkeiten und ihre Grenzen sowie alle daraus folgenden Konsequenzen völlig verwirrt. Sie hatten auch große Schwierigkeiten, die verschiedenen Arten und Aspekte der Zeit einzuordnen, mit denen sie es inzwischen zu tun bekommen hatten. Es gab subjektive Zeit, objektive Zeit, vergangene Zeit und zukünftige Zeit, von Vergangenheit und Zukunft ganz zu schweigen, diverse Zwischenzeit-Zustände und die paradoxen Kreuzungen und Verdopplungen der verschiedenen Zeitspuren. Was war die Vergangenheit, was die Zukunft? Waren ›Vergangenheit‹, ›Gegenwart‹ und ›Zukunft‹ am Ende nichts anderes als fiktive Begriffe – irreführende Trennung einer Sache, die sich gar nicht trennen ließ? Die Situation schien sich mit der eines verrückten Schachspiels vergleichen zu lassen, bei dem jeder der beiden Spieler zu jedem Zeitpunkt alle vorherigen Züge wieder korrigieren konnte, einem Spiel, das vielleicht schon zu Ende war, bevor es angefangen hatte.

Hieronymus Gleister – trotz einiger eher technischer Probleme der Unterscheidung und Identifikation noch immer unser eigentlicher Held – schenkte der Debatte keine große Aufmerksamkeit. Statt dessen beobachtete er die Versammlung, denn die Gleister schienen ihm fast genauso bemerkenswert wie die Zeitreise selbst.

Es gab Gleister jeden Alters zwischen zwanzig und sechzig Lebensjahren. Alle besaßen den selben Phänotyp, aber abgesehen davon, waren ihre Unterschiede auffälliger als die Gemeinsamkeiten.

Jeder Gleister hatte die gleichen Eindrücke und Veränderungen empfangen, aber zu verschiedenen subjektiven Augenblicken. Die Ereignisse hatten jeden der Männer zu einem ganz bestimmten und einzigartigen Zeitpunkt seiner Psychozeit getroffen, in jedem neue und unerwartete emotionale Reaktionen produziert, ihn modifiziert und gezeichnet, bis er zu einem völlig eigenen Individium geworden war, das sich von allen anderen Gleistern unterschied.

Nach dem äußeren Eindruck ließen sich verängstigte und mutige Gleister ausmachen, hektische und phlegmatische, gesellige und einzelgängerische, clevere und verwirrte.

Während unser Gleister über diese Beobachtung nachdachte, stand einer der Gleister auf und stellte sich als Mordecai Gleister vor. Er bat um das Wort in einer sehr dringenden und für die Debatte entscheidenden Angelegenheit. Egon bat ihn daraufhin auf das Podium.

»Ich will mich kurz fassen«, versprach Mordecai. »Mir scheint, die Sache mit dem Imperator ist hier noch nicht von allen Seiten betrachtet worden. Wir haben einfach blind behauptet, daß dieser Mann und seine Ziele zu verdammen sind. Aber können wir gerade in diesem Punkt eigentlich sicher sein? Überlegen wir doch . . .«

Hieronymus Gleister starrte ihn an. Er hatte diesen selbstsicheren, bärtigen Mann in den Fünfzigern schon irgendwo gesehen. Aber wo?

Dann kam ihm die Erleuchtung.

Hieronymus Gleister sprang auf und rannte zum Podium. »Haltet diesen Mann!« schrie er dabei. »Er ist Mingus! Er ist der Imperator!«

Egon zögerte einen kurzen Moment, dann hatte er sich entschieden. Er und Hieronymus näherten sich Mordecai. Andere Gleister aus den ersten Reihen stürmte zum Podium. Doch plötzlich erstarrten alle.

Mordecai Gleister hatte eine stahlblaue Pistole herausgerissen und zielte damit auf Egon.

»Bitte setzen Sie sich wieder!« rief Mordecai. »Nur der Vorsitzende Egon und dieser junge Mann hier bleiben bei mir auf dem Podium, und das Leben der beiden hängt allein vom guten Benehmen des Rests der Versammlung ab. Ich habe eine Erklärung abzugeben.«

Alle setzten sich wieder, nur Egon und Hieronymus mußten sich die Erklärung im Stehen anhören. »Die Waffe, die ich hier in der Hand halte«, begann Mordecai, »sieht aus wie eine gewöhnliche Pistole, aber in ihrem Gehäuse befindet sich keine gewöhnliche Projektilmechanik. In Wahrheit haben Sie es hier mit einer eigens von mir entwickelten neuen Waffe zu tun, die auf dem Prinzip der Laser-Diffusion beruht. Auf fünf Meter Entfernung hat sie zunächst eine paralysierende Wirkung. Der Tod folgt wenige Sekunden später, wenn der Strahl nicht unterbrochen wird. Wie immer Sie sich im folgenden entscheiden werden, diese Waffe sollten Sie bei Ihren Überlegungen im Auge behalten.«

Mordecai schwieg, um seine Worte auf die Versammlung wirken zu lassen. Dann fuhr er mit einem strahlenden Lächeln fort: »Meine lieben Brüder und loyalen

Untertanen, der Imperator Mingus grüßt Euch hiermit ganz herzlich.«

2. Hauptzeitlinienkreuzung:

»Aus meiner Sicht sieht die Sache folgendermaßen aus«, erklärte Mingus. »Ich habe eine Zeitmaschine erfunden und reiste mit ihrer Hilfe in eine ferne Zukunft. Dort machte ich verschiedene bemerkenswerte Erfahrungen, die zum Ausgangspunkt all meiner weiteren Aktionen wurden. Ich kam in eine Welt, die ein trauriger, von Brutalität beherrschter Ort war, all ihrer wirtschaftlichen und geistigen Ressourcen beraubt, zerfallen in winzige, einander bekriegende Königreiche. Ich übernahm die Macht dort, was mir mit den Möglichkeiten der Zeitmaschine natürlich nicht schwerfiel. Aber mein Erfolg lag nicht allein in der unbezwingbaren Macht meiner Maschine begründet. Die Zeit für eine neue Ordnung der Welt war reif, und ich war der richtige Mann für diesen Job.

Diejenigen von euch, die sich bereits ein wenig in meinem Reich umgesehen haben, halten nicht viel davon. Aber ihr seid mit eurem Urteil vorschnell. Ihr laßt außer Betracht, mit welchem Material ich zu arbeiten hatte. Ich versichere euch, daß meine Ziele Frieden und Wohlstand für jedermann sind. Ja, und auch die politische Freiheiten, sobald die Menschen erst die Untelligenz und die Selbstkontrolle besitzen, sinnvollen Gebrauch davon zu machen.

Ihr denkt, daß mein Reich wie eine miese Diktatur aus dem Afrika oder Lateinamerika des 20. Jahrhunderts aussieht. Es ist eine, zugegeben. Aber als ich die Macht übernahm, war die Welt ein einziges Chaos. Es gab keinen Frieden, und das einzige Gesetz war das Recht des Stärkeren. Ich gab den Menschen ein gewisses Maß an Sicherheit und Stabilität, ohne das sich keine neue Zivilisation aufbauen läßt.

Alle, die wir hier versammelt sind, wir sind Produkte der amerikanischen Demokratie und ihren Wertvorstellungen. Imperium, Reich und Imperator sind für uns beinahe Schimpfworte. Aber ich muß euch bitten, den ernsthaften Versuch zu unternehmen, erst einmal euere politischen Reflexe zu unterdrücken. Was würdet ihr an meiner Stelle tun? Den Sklaven und Leibeigenen das Wahlrecht geben? Selbst mit der Zeitmaschine wäre ich dann keine Woche lang an der Macht geblieben.

Sollte ich den Menschen etwa Vorlesungen darüber halten, daß sie alle gleich sind und die gleichen Rechte haben? Die Leute in meinem Reich *wissen*, daß nicht alle Menschen gleich sind und daß die Rechtsprechung nur den Reichen Recht gibt. Sie sehen in allen egalitaristischen Ideen eine teuflische Perversion des Denkens, der es bis zum Tode zu widerstehen gilt.

Die Demokratie ist kein Naturgesetz. Der Mensch muß zu ihr erzogen werden. Demokratie ist ein schwieriges und sehr fortgeschrittenes Konzept für die Gestaltung eines politischen Systems. Man kann keine Männer dafür gewinnen, die gewohnt sind, im Wolfsrudel unter der Herrschaft eines starken Führers zu leben. Eine funktionsfähige Demokratie verlangt die Praktizierung von Verantwortung und Fairness gegenüber dem Mitbürger. Für die Menschen dieser zukünftigen Erde war das ein Mißtrauen erregendes Konzept: den Mitbürger kannte man nicht; es gab nur die *anderen*, und die anderen nutzte man entweder selbst aus, oder wurde von ihnen ausgenutzt.

Was hätte irgend ein anderer von euch unter diesen

Umständen unternommen? Hättet ihr euch das Elend und die Unvernunft dieser Welt angesehen und euch von ihr abgewandt, um in die glücklicheren Zeiten unserer Vergangenheit zurückzukehren? Oder wärt ihr geblieben, um dem Volk eine formale Demokratie aufzuzwingen, die sofort wieder abgeschafft worden wäre, sobald ihr nicht mehr die Macht gehabt hättet, ihre Existenz durch die Zeitmaschine zu korrigieren? Oder hättet ihr auch das getan, wozu ich mich entschlossen habe – die einzige Staatsform aufzubauen, die die Menschen hier verstehen und respektieren, und dann zu versuchen, die Menschen in diesem Staat zu Freiheit und Verantwortung zu erziehen?

Ich tat das, wovon ich glaube, daß es das beste für die Menschen, nicht für mich selber, ist. Ich ergriff die Macht. Aber dann begannt ihr Gleister, meine Alter Egos, meine Brüder aus der Vergangenheit, in immer größeren Scharen aufzutauchen, um mich umzubringen. Ich versuchte, einige von euch zu kidnappen und umzuerziehen. Aber es waren zu viele Gleister, die Dynamik der Situation entwickelte sich gegen mich.

Ich erfuhr bald von eurer Organisation. Deshalb kam ich in diese Zeit hier oder besser jetzt, um sie zu infiltrieren. Jetzt werde ich sie unter meine Herrschaft zwingen müssen.

Ich habe die Situation, so fair ich konnte dargestellt. Ich muß euch nun von ganzem Herzen bitten, mit mir zusammenzuarbeiten. Steht mir bei, helft mir, eine barbarische und degenerierte Erde in die Welt zu verwandeln, von der wir alle gemeinsam träumen.«

Es folgte langes Schweigen. Endlich ergriff der Vorsitzende Egon Gleister das Wort. »Ich glaube, so wie Sie es erklärt haben, hat die Sache zweifellos ihre Verdienste.«

»Habt ihr denn alle schon vergessen, was ihr in seiner

Zukunft gesehen habt?« rief Hieronymus dazwischen. »All die gegenseitigen Verdächtigungen und die allgegenwärtige Polizei!« Er wandte sich an Mingus. »Warum läßt du die Menschen dieser Zukunft nicht einfach in Ruhe? Deine Motive sind im Grunde völlig uninteressant. Hatte die Erde denn noch nicht genug Imperatoren, Diktatoren, Führer, Generalissimuse, Großkahns, Schahs, Cäsaren oder wie immer man sie nennen will, gehabt? Einige von ihnen hatten die edelsten Motive – aber sie haben nur einem wirklich geholfen, nämlich sich selbst!«

»Ich darf diesen Ausführungen entnehmen, daß du einen Zustand der Anarchie vorziehen würdest?« erkundigte sich Mingus freundlich.

»Die Anarchie ist vielleicht wirklich besser«, erwiderte Hieronymus. »Ihr einziger Nachteil liegt in ihrer leichten Beherrschbarkeit durch Menschen wie dich.«

Im Plenum war alles totenstill. Hieronymus fuhr also fort: »Wie immer man die Zustände darin auch sehen mag, es ist nicht deine Zeit, die du manipulieren willst, Mingus. Sie gehört den Menschen, die in ihr geboren sind. Du kamst aus dem glücklichen und erleuchteten 20. Jahrhundert dorthin und zwingst den Menschen dort deine überflüssigen politischen Vorstellungen auf. In Wahrheit tust du nichts anderes, als jeder Kolonisator der Geschichte vor dir.«

Mingus schien tief getroffen. »Ich muß über deine Argumente nachdenken . . .« Er schüttelte irritiert den Kopf. »Es ist seltsam«, meinte er, »daß wir alle hier nur eine einzige Person sind, während wir so völlig unterschiedliche Ansichten entwickelt haben.«

»So seltsam ist das gar nicht«, wandte Egon ein. »Selbst unter normalen Umständen vereinigen sich in einer einzigen Persönlichkeit viele verschiedene Persönlichkeiten, wie die Psychologie längst festgestellt hat.«

»Vielleicht sollten wir abstimmen, was werden soll«, schlug Hieronymus vor, »wenn wir uns für zivilisiert genug für eine demokratische Meinungsbildung halten.«

»Die Macht zu übernehmen, bedeutet Verantwortung«, sagte Mingus. »Aber auch auf diese Macht zu verzichten, ist eine Frage der Verantwortung. Ich muß mir deshalb sorgfältig überlegen, ob ich diese Verantwortung tragen kann.«

»Vielleicht brauchst du das gar nicht«, meinte Egon. »Vielleicht brauchst du dir keinen einzigen Gedanken mehr darüber zu machen.«

»Wie soll ich das verstehen?«

Der Vorsitzende lächelte und erklärte: »Ich glaube, du hast mit deiner Reise hierher eine fatale Fehleinschätzung des Ganges der Dinge begangen, besser gesagt, ein falsches Verständnis des Zeitablaufs bewiesen. Indem du hierher kamst, hast du aufgehört, der Imperator zu sein. Deshalb gibt es für dich auch nichts mehr, über das du unbedingt nachdenken müßtest.«

»Das mußt du erklären«, verlangte Mingus. »Wer ist denn jetzt der Imperator?«

»Es gibt keinen ›wirklichen‹ Imperator«, versicherte Egon. »Es gibt nur einen Gleister, der in die Zukunft ging und dort die Macht über die Erde an sich riß. Er ernannte sich zum Imperator und entdeckte, daß es eine Widerstandsorganisation gegen ihn gab und ging zurück in die Vergangenheit, um diese Organisation zu übernehmen. Dabei wurde er getötet.«

»Sei vorsichtig«, warnte Mingus.

»Es gibt keinen Grund, weswegen ich vorsichtig sein müßte«, entgegnete Egon. »Wir alle wissen, daß die Zeitreise notwendigerweise zu einer Verdoppelung der beteiligten Person führt. Wir kennen ein einziges Gesetz, das mit Sicherheit die Zeitreise und all ihre Konsequenzen beherrscht: Nichts passiert ein einziges Mal! Du, mein lieber Mordecai, hast die Ehre gehabt, der erste Imperator gewesen zu sein. Aber dabei kann es nicht bleiben. Denn da wir es mit Zeitreise-Problemen zu tun haben, muß es bald einen zweiten Imperator der Imperator-Zeitlinie geben.«

»Und du glaubst, der erste Imperator stirbt?« fragte Mingus nervös.

»Oder setzt sich irgendwo zur Ruhe«, sagte Egon. »Gib mir jetzt die Laser-Waffe.«

»Du willst dich selbst zum Imperator krönen?«

»Warum nicht? Ich bin ein Gleister und damit legitimer Erbe der königlichen Linie. Gib mir die Waffe, und ich lasse dich in Frieden ziehen.«

Hieronymus drängte Mordecai-Mingus unterstützend: »Tu es! Gib ihm die Waffe. Er hat recht – Zeitreise bedingt eine Überdeterminierung aller Ereignisse. Es muß einen zweiten Imperator geben.«

»Na gut«, erklärte Modecai-Mingus. »Ich werde dir die Pistole geben. Und da du ja bereits der zukünftige Imperator bist, wird es dir nichts ausmachen, welches Ende davon du zuerst bekommst.«

Er richtete die Pistole auf Egon und drückte ab. Das Gesicht Mordecais verzog sich erstaunt und erschreckt zugleich. Er erstarrte in der Bewegung und stürzte schwer zu Boden. Die Pistole rutschte ihm aus der Hand und klapperte über das Podium, bis sie vor Hieronymus' Füßen liegen blieb.

Hieronymus hob sie auf. Er beugte sich über Mordecai und untersuchte ihn kurz, dann sah er Egon an. »Er ist tot.«

Egon zuckte die Schultern. »Sieht aus, als hätten wir einen neuen Imperator.«

»Den haben wir in der Tat«, meinte Hieronymus und händigte Egon die Waffe aus, aber mit dem Griff zuerst.

2. Imperatorlinie Gleister

»Das ist sehr nett von dir, Cousin«, sagte Egon, als er die Waffe ergriff. »Du hast also keine Führer-Ambitionen?«

»Nein, aber Ambitionen habe ich schon, nur andere. Egon, ich habe eine böse Vorahnung.«

»Ich bin jetzt nicht mehr Egon«, verkündete der Vorsitzende. »Um die Symmetrie zu wahren, muß ich mich nun Mingus nennen . . . Wie war das mit der Vorahnung?«

»Ich hatte den Eindruck, eine Stimme sagen zu hören: Der Imperator ist die Endstation. Er ist der Sklave der Zeit.«

»Und das war alles?«

»Alles, was ich gehört habe«, bestätigte Hieronymus.

»Wie seltsam, düster und bedrohlich«, meinte der neue Mingus grinsend. »Wie interpretierst du diese Prophezeihung, oder was immer das sein soll?«

»Es verweist, glaube ich, auf eine weniger erfreuliche Entwicklung, aber ich weiß nicht auf welche. Mach daraus, was du kannst.«

»Gut«, sagte Mingus, »du hast mir ein Imperium gegeben und ein Orakel, und ich danke dir für beides von Herzen, besonders für das Imperium. Wie kann ich mich revanchieren?«

»Ich darf mir von dir als Imperator etwas wünschen?«

»Ja, alles, was du willst.«

»Dann geh und herrsche über dein Imperium, und laß mich und den Rest von uns das tun, was wir glauben tun zu müssen.«

»Ohne Zweifel mache ich damit einen Fehler«, erwiderte Mingus, »aber ich werde tun, worum du mich gebeten hast. Gott allein weiß, welche weiteren Komplikationen ich heraufbeschwöre, wenn ich hier noch mehr Gleister umbringe. Aber vergiß nicht . . .«

Mingus hielt inne. Neben ihm war ein weiterer Mann auf der Bühne materialisiert.

3. Hauptzeitlinien-Kreuzung

Der Neuankömmling war ein alter Mann mit einem grauen Bart und einem verbitterten Gesicht. Seine Augen lagen tief in den Höhlen und blickten düster.

»Wer bist du?« verlangte Mingus zu wissen.

»Ich bin du, Egon. Ich bin Mordecai, ich bin Hieronymus, ich bin die anderen. Ich bin der Imperator, der du dich anschickst zu werden. Ich bin hierher gekommen, um dich zu bitten, abzudanken und damit zu ändern, was noch geändert werden kann.«

»Warum sollte ich das tun?« fragte Mingus.

»Weil der Imperator der Sklave der Zeit ist.«

»Das ergibt keinen Sinn, Alter! Wer bist du wirklich? Hieronymus, diese Sache sieht genau nach der Sorte von dramatischem Auftritt aus, den du dir irgendwann ausdenken könntest.«

»Ich kann keine Garantien dafür abgeben, wie ich mich im Alter benehmen werde, falls das mein älteres Ich sein sollte.«

»Danke ab!« verlangte der alte Mann.

»Für dumme Scherze ist hier niemand zu haben«, rief Mingus, zielte mit seiner imperialen Pistole und feuerte.

Es gab keinerlei sichtbare Wirkungen des Schusses. Der alte Mann schüttelte verzweifelt den Kopf. »Ich kann nicht getötet werden – nicht hier, nicht jetzt, nicht von dir! Die Realität ist eine Frage des Standortes, wie du noch lernen wirst, wenn du erst einmal in die Jahre kommst. Jetzt muß ich wieder zurück an meine Arbeit.«

»Welche Arbeit ist das?« fragte Hieronymus.

»Alle Sklaven haben die gleiche sinnlose Arbeit zu verrichten«, sagte der alte Mann und verschwand.

Mingus rieb sich irritiert das Kinn. »Nichts als ein Geist, um das Drama ein wenig spannender zu machen. Hieronymus, wohin gehst du?«

Hieronymus war gerade dabei, seine Zeitmaschine einzustellen. Er sah auf und meinte: »Ich gehe auf die Reise.«

»Wohin?«

»Einen alten Freund besuchen.«

»Wen? Wovon redest du?«

»Wir sehen uns zu gegebener Zeit wieder.«

»Warte, Hieronymus«, rief Mingus. »Bleib bei mir und hilf mir, eine echte, menschenwürdige Zivilisation aufzubauen. Wir machen es so, wie du es wolltest . . .«

»Nein«, sagte Hieronymus und drückte auf den Knopf.

4. Hauptzeitlinien-Kreuzung

Dieses Mal kam Gleister in der Nähe von Krul in der Spätzeit des Mingus-Imperiums an. Er tauschte etwas von seiner Kleidung gegen die örtliche Währung ein und nahm den nächsten Pferde-Bus nach Washington. Von der Poststation ging er zu Fuß zum Weißen Haus, dem Sitz der imperialen Regierung und inzwischen eine byzantinische Stadt in der Stadt. Er bat einen Hauptmann der Äußeren Wache, ihn beim Imperator anzumelden.

»Was für ein Witz soll das denn sein«, brummte der Hauptmann. »Wenn Sie eine Audienz beantragen wollen, wenden Sie sich gefälligst an die entsprechenden Stellen.«

»Melde mich an, wenn dir dein Job hier etwas wert ist«, sagte Hieronymus. »Du kannst erklären, daß Hieronymus hier ist.«

Der Hauptmann blieb skeptisch, aber er wollte kein unnötiges Risiko eingehen. Also telefonierte er mit seinem Vorgesetzten, der wiederum beim Kommandanten der Wache nachfragte. Zehn Minuten lang geschah gar nichts, aber dann geschah alles sehr schnell.

»Ich bitte vielmals um Verzeihung«, entschuldigte sich der Hauptmann. »Ich bin neu auf diesem Posten und habe den Sonderbefehl bezüglich Eurer Person noch nicht erhalten. Bitte hier entlang, Sir.«

Hieronymus wurde durch verwinkelte graue Korridore geführt, in einen Aufzug, dann durch weitere Korridore, bis sie vor einer rot angestrichenen Stahltür ankamen. Der Hauptmann öffnete sie für ihn, ließ ihn hineingehen und schloß sie wieder hinter ihm.

Hieronymus befand sich in einem kleinen weißen Audienzraum. Hinter einem unscheinbaren Schreibtisch saß ein Mann, der sich bei Hieronymus' Eintreten erhob.

»Gut, dich wiederzusehen«, sagte Egon-Mingus.

»Gut, auch dich wiederzusehen«, sagte Hieronymus. »Wie steht es mit dem Imperium?«

»Also . . . es ist nicht sehr erfolgreich, wie du wahrscheinlich schon vorausgesehen hast. Um genau zu sein, es ist eine Katastrophe.« Mingus lächelte schmerzerfüllt. Er war jetzt alt, ein hochgewachsener Mann mit einem grauen Bart, verbittertem Gesicht und tiefliegenden Augen.

»Wo liegen die Probleme?«

»Weißt du das nicht?«

Hieronymus schüttelte den Kopf. »Ich hatte eine Vorahnung, keine Vision. Sind die Gleister noch immer dabei, dich zu stürzen?«

»Oh, ja. Natürlich«, erzählte Mingus. »Ich mache mir nicht einmal mehr die Mühe, sie daran zu hindern. Unsere Familie besitzt eine tiefsitzende Unfähigkeit zu angemessenem Verhalten, sobald es um politische Angelegenheiten geht. Die Gleister haben keinen Sinn für Intrigen oder Propaganda! Sie kommen einfach in mein Imperium in ihrer Kleidung aus dem 20. Jahrhundert, fuchteln mit fremdartigen Waffen herum und verkünden politische Theorien, die das Volk hier nicht versteht. Die Leute halten sie für die Beauftragten irgendeines verrückten ausländischen Potentaten, oder einfach für arme Irre. Bei der ersten günstigen Gelgenheit liefert man sie bei der Polizei ab.«

»Und was machst du dann mit ihnen?«

»Ich erziehe sie.«

»Ach.«

Mingus verzog das Gesicht. »Ich hoffe, du glaubst nicht, daß es sich bei diesem Ausdruck für eine euphemistische Umschreibung von Gewalt handelt. Ich versichere dir, daß ich sie völlig konventionell unterrichte, keine Gehirnwäschen.

Sie erhalten Vorlesungen, sehen Filme, lesen Bücher und machen Studienreisen. Dann suche ich einen Platz im Imperium für sie, an dem sie sich niederlassen lönnen.«

»Entscheiden sich alle dafür, hier zu leben?«

»Die meisten jedenfalls. Man muß schließlich irgendwo leben, und ihre ursprünglichen Plätze im Raum-Zeit-Gefüge haben ja inzwischen andere Gleister eingenommen.«

»Das klingt doch ganz in Ordnung. Wo liegen die Probleme?«

»Hieronymus, du scheinst selbst noch einige Vorlesungen nötig zu haben. Wie wäre es, wenn du auf eine Studienreise gehst?«

»Laß nur. Erzähl mir einfach, was los ist.«

»Also gut. Es ist eigentlich auch ganz einfach. Der erste oder Ur-Gleister baute eine Zeitmaschine und ging damit in die Zukunft. Die Natur ist bereit, ein Paradox zu tolerieren, aber sie verträgt kein Vakuum. Bei der Zeitreise blieb aber ein Loch im Raum-Zeit-Gefüge zurück. Ein Gleister fehlte an seinem normalen Ort. Die Natur lieferte deshalb sofort einen identischen oder annähernd-identischen Gleister aus ihren offenbaren unbegrenzten Gleister-Vorräten, wo immer sie die auch auf Lager halten mag.«

»Das weiß ich bereits alles«, meinte Hieronymus.

»Aber du hast die Konsequenzen daraus noch nicht zu Ende gedacht. Jedesmal wenn ein Gleister seine Zeitmaschine benutzt, gibt es eine Lücke, ein Loch im Raum-Zeit-Gefüge, das die Natur sofort wieder schließt, indem sie einen neuen Gleister anstelle des alten produziert.«

»Ich beginne zu verstehen«, stöhnte Hieronymus.

»Wir haben also jetzt zahlreiche Gleister«, fuhr Mingus fort, »die alle mit den verschiedensten Missionen durch die Zeiten sausen. Wir haben eine Gleister-Linie, die Imperatoren produziert, und wir haben eine, die eine Organisation aufbaut, um diese Imperatoren zu stürzen. Und es gibt noch andere Linien. Jede Hauptzeitlinie hat ein Geäst von individuellen Zeitspuren, die alle irgendwann zu Zeitreisen führen, aus denen eine Verdoppelung des reisenden Gleister resultiert. Jeder neue Gleister reist auch wieder in der Zeit und wird damit zum Werkzeug permanenter Erschaffung weiterer Gleister.«

Mingus legte eine kleine Pause ein, damit Hieronymus das Gesagte verarbeiten konnte. Dann faßte er zusammen: »Die Gleister vermehren sich in einer geometrischen Reihe. Sie potenzieren sich selbst.«

»Das sind verflucht viele von uns«, sagte Hieronymus.

»Du hast noch immer nicht die wirkliche Größenordnung begriffen«, erwiderte Mingus. »Eine geometrische Vervielfachung, das heißt, aus Hunderten werden Tausende, Tausende werden zu Millionen, aus denen Billionen, Trillionen, Quadrillionen werden. Verstehst du jetzt endlich?«

»Ich habe kapiert«, antwortete Gleister. »Wo bleiben diese Gleister-Heere?«

»Sie kommen über kurz oder lang alle hierher«, erklärte Mingus. »Es gibt wirklich keinen anderen Ort, an dem sie bleiben könnten.«

»Und wo bringst du sie unter?«

»Bisher habe ich etwa 12 Millionen über das ganze Reich verteilt ansiedeln können. Aber das Imperium schafft es bald nicht mehr, sie zu versorgen. Unsere Ressourcen sind erschöpft. Und der Zustrom nimmt von Tag zu Tag zu.«

»Gibt es denn gar keinen Weg, sie aufzuhalten?«

Mingus schüttelte den Kopf. »Selbst wenn die Armee sie bei Sicht sofort erschießen würde, könnten wir die Vermehrung nicht unter Kontrolle bekommen. Bald wird es nichts anderes mehr geben als Gleister; die Erde wird in Gleistern ertrinken, und ständig wird dieser Gleister-Ozean neuen Zufluß haben. Der Imperator ist wirklich der Sklave der Zeit.«

»Was hast du getan, um da rauszukommen?«

»Ich bin für jeden neuen Lösungsvorschlag offen, denn bisher erwiesen sich alle Aktionen als Fehlschlag.«

»Mir fällt da nur eine Sache ein«, sagte Hieronymus

stirnrunzelnd. »Wir müssen den Ur-Gleister töten, bevor er die Zeitmaschine erfinden kann.«

»Das ist nicht möglich. Viele von uns haben es versucht, aber wir können nicht weit genug zurück in die Vergangenheit gehen. Wir können Gleister erst nach der Erfindung erreichen, davor gab es ja keine Zeitreise. Und jeder Gleister, der für einen vergeblichen Attentatsversuch in die Vergangenheit geht, trägt zur Vervielfachung der anderen bei.«

»Das verstehe ich.«

»Hast du sonst keine Einfälle?«

»Nur einen, und der gefällt mir nicht besonders.«

Mingus wartete. Endlich raffte Hieronymus sich auf. »Wie es jetzt aussieht, ist die Gleister-Reihe eine unendliche Folge. Deshalb muß eine Begrenzung eingeführt werden, um der Reihe einen Endpunkt zu geben.«

»Was für eine Begrenzung?«

»Der Tod ist die einzige natürliche Begrenzung jeden Gleisters«, erklärte Hieronymus. »Diese Begrenzung muß so früh wie möglich in die Gleister-Reihe eingefügt werden, so daß sie sich mit der Folge simultan ausdehnt und ihr einen Faktor der Selbstbegrenzung mitgibt, der schließlich zur Selbstauflösung führt.«

»Viele von uns sind schon gestorben«, wandte Mingus ein, »ohne damit die Vervielfachung gebremst zu haben.«

»Natürlich nicht. Denn alle Gleister-Tode bisher waren nur die normalen Endpunkte individueller Zeitspuren. Was wir brauchen, ist ein früher Tod außerhalb der natürlichen Entwicklung – einen *Selbst*-Mord.«

»Um damit einen beständig recylenden Todesfaktor einzuführen«, setzte Mingus fort. »Selbstmord . . . Ja. Das wird mein letzter imperialer Akt sein.«

»Nicht deiner, meiner«, korrigierte ihn Hieronymus.

»Aber ich bin noch immer der Imperator«, sagte Mingus. »Ich trage schließlich die Verantwortung.«

»Zunächst einmal bist du schon entschieden zu alt«, erklärte ihm Hieronymus. »Ein junger Gleister muß so früh wie möglich in seiner Zeitspur sterben.«

»Dann sollten wir es unter den jüngeren Gleistern auslosen.«

Hieronymus schüttelte den Kopf. »So geht es auch nicht, da gibt es nämlich noch etwas. Ich fürchte, ich muß es selbst tun.«

»Macht es dir etwas aus, mir das zu erklären?«

»Es ist eine Intuition. Aber ich bin überzeugt, daß ich der Ur-Gleister bin, das Original. Und nur mein Selbstmord kann beenden, was ich selbst begonnen habe.«

»Eine Intuition ist ein bißchen wenig, findest du nicht.«

»Sicher, aber sie ist besser als nichts. Hast du ein ähnliches Gefühl, der Ur-Gleister zu sein?«

»Nein, das ist mir nie aufgefallen«, erwiderte Mingus. »Aber ich glaube deshalb trotzdem nicht, daß ich nicht *wirklich* bin.«

»Du bist ja auch wirklich«, versicherte Hieronymus. »Wir sind alle gleich real. Ich bin nur der erste, das ist alles.«

»Ja, dann . . . aber das ist jetzt auch nicht wichtig, scheint mir. Ich hoffe, daß du recht hast.«

»Danke«, sagte Hieronymus schlicht und justierte seine Zeitmaschine. »Hast du eigentlich noch diese Laser-Pistole?« Mingus überreichte ihm die Waffe. »Danke. Wir sehen uns noch.«

»Das dürfte unwahrscheinlich sein.«

»Wenn meine Vermutungen sich bestätigen«, sagte Hieronymus, »dann wirst du mich noch einmal sehen müssen.«

»Erkläre mir das!« rief Mingus. »Das ergibt doch keinen Sinn . . .«

Aber Hieronymus hatte bereits wieder auf den Knopf gedrückt und war verschwunden.

Hauptzeitlinie Gleister, 1. Endpunkt:

Es war ein wunderschöner September-Nachmittag in Harvest Falls, Indiana. Charlie Gleister ging durch die Apple Street und warf dem weißen Gründerzeit-Haus mit dem Kellerlaboratorium einen wissenden Blick zu. Er hatte sich bereits überlegt, ob er nicht hineinschauen und ein paar Worte mit sich selbst wechseln sollte, sich dann aber dagegen entschieden. Von Gleistern hatte er für die nächste Zeit genug.

So setzte er seinen Marsch fort, auf der Bundesstraße 347 aus der Stadt hinaus. Autos fuhren an ihm vorbei, aber er hielt keins an, um ein Stück mitgenommen zu werden, denn er hatte es nicht allzu weit.

Er verließ die Straße bald und wanderte über ein Stoppelfeld zu einem Wald. Ein Waldpfad führte ihn zu einer kleinen Lichtung mit einem See. Hier hatte er als kleiner Junge oft geangelt. Die große, hohle Eiche stand noch so da, wie er sich an sie erinnerte, und Charlie setzte sich auf ihre Wurzeln und lehnte sich gegen den Stamm.

Er nahm die Pistole heraus und sah sie sich an. Er fühlte sich benommen, aber sehr entschlossen. Eine Weile sah er dem Spiel des Sonnenlichts auf dem schimmernden Wasser zu und rieb sich dabei die Nase.

Dann sagte er laut: »Na dann wollen wir mal.« Er schob sich den Lauf der Waffe in den Mund und ekelte sich leicht vor dem öligen Geschmack. Er schloß die Augen und drückte ab.

Gleisterreihe, Hauptlinien-Endpunkt-Recycling

Charlie Gleister öffnete die Augen. Der Audienzraum des Imperators sah genauso aus, wie er ihn in Erinnerung hatte. Auf einem Tisch vor Charlie Gleister lagen die letzten Statistiken: über 12 Millionen Gleister bisher angesiedelt, und jede Minute kamen mehr. Er schüttelte den Kopf und fuhr sich geistesabwesend mit den Fingern durch den Bart. Dann sah er zu dem jungen Mann auf, der vor dem Schreibtisch stand.

»Viel Glück«, sagte er und überreichte dem jungen Gleister die Laser-Pistole.

Egon Gleister sagte »Danke«, und drückte auf den Knopf seiner Zeitmaschine.

Als er allein war, sah Charlie sich in dem Audienzraum um. Er mußte sich mit den Pflichten eines Imperators vertraut machen, denn natürlich hatte auch er seine Rolle als Imperator zu übernehmen, wie auch alle anderen es im Laufe der Zeit würden tun müssen. Er und sie würden alle jemals existierenden Gleister-Rollen durchlaufen, während das Endpunkt-Recycling durch alle Haupt- und Nebenlinien lief, bis am Ende schließlich nur noch er alleine übrig war, am Ende wie am Anfang.

Aber jetzt war er erst einmal der Imperator, und das konnte ganz interessant werden. Er war dankbar, daß er die Selbstmordsache schon hinter sich gebracht hatte. Er würde es noch einmal tun müssen, aber nicht jetzt, nicht bevor alle anderen 12 Millionen ihren Selbstmord begangen hatten.

Stimmen

Wie viele von uns fand Mr. West es mitunter schwierig, eine Entscheidung zu treffen. Aber im Gegensatz zu vielen von uns suchte er niemals irrationale Unterstützung in solchen Schwierigkeiten. Wie drängend das Problem auch sein mochte, Mr. West lehnte es entschieden ab, sich beim *I Ging* Rat zu holen, Tarot-Karte auszulegen oder sein Horoskop zu studieren. Er war ein breitgebauter, mürrischer und verschlossener Mann, der für die New Yorker Vermögensverwaltungsfirma Adwell, Gipper und Gascoigne arbeitete und glaubte, daß jeder verpflichtet sei, sein Leben so rational wie möglich zu gestalten. Mr. West erreichte diese Rationalität in allen Entscheidungen, indem er seine Probleme der Stimme in seinem Kopf vortrug. Die Stimme erzählte ihm dann immer, was zu tun war, und die Stimme behielt immer recht. Mr. Wests Stimme-im-Kopf-System arbeitete jahrelang ausgezeichnet. Aber dann gab es Schwierigkeiten, und zwar in der Woche, als man die Generatoren des neuen Conglomerat-Hauses gegenüber von seinem Apartment testete. Man sollte auch noch erwähnen, daß die Sonnenflecken-Aktivität in dieser Woche besonders hoch war, die kosmische Strahlung die höchste Intensität seit zehn Jahren aufwies und der Van-Allen-Gürtel sich vorübergehend um vier Grad südlich verschob.

Mr. West hatte in dieser Woche zwei große Probleme im Kopf. Eines hatte mit Amelia zu tun – hinreißend, begehrenswert, willig und leicht erreichbar, aber auch erst 14 Jahre alt, seine Nichte und ein raffiniertes Biest. Sie wohnte bei ihm, während ihre Eltern eine Europa-Reise machten. Schon der Gedanke an sie ließ ihm die Hände feucht werden und die Nase jucken. Aber dann dachte er an die Strafen für Unzucht mit Abhängigen, Vergewaltigung von Minderjährigen und Inzest, und er entschloß sich, dieses Problem erst einmal zurückzustellen.

Das zweite Problem betraf seine Anteile an der Südafrikanischen Süßwarenladenkette. Die Aktien hatten einen rapiden Kursverfall erlebt, und er dachte darüber nach, sie abzustoßen und dafür International Thanatopsis Corporation zu kaufen.

Um zu einer sachgerechten Börsenentscheidung zu kommen, hatte Mr. West solche Faktoren wie Kursschwankungsdeckung, Saisoneinflüsse, Stammkapital, Investitionsklima, den Dow-Jones-Index und viele andere Dinge in seine Überlegung miteinzubeziehen. Man kann von niemandem erwarten, daß er über solche komplizierten Dinge selbst nachdenkt. Das war ganz eindeutig ein Job für die Stimme.

Die Stimme beschäftigte sich die Nacht über mit dem Problem und erklärte dann während des Frühstücks: »Alles klar, ich glaube, wir haben die Lösung. Die Schwierigkeit bestand daran, daß wir einige besondere Eigenschaften übersehen haben, mit denen man flexible Molekularstrukturen ausstatten kann.«

»Was?« fragte Mr. West.

»Härte und Elastizität können auch als eine einzige Gradientenfunktion aufgefaßt werden«, fuhr die Stimme fort. »Das ergibt in einem in sich geschlossenen homeostatischen System zwangsläufig den Wert 1. Deshalb muß die größtmögliche Molekularflexibilitat aus der größtmöglichen Molekularhärte resultieren.«

»Wovon redest du überhaupt?« wollte Mr. West wissen.

»Diese scheinbare Umkehrung von Frochets Gesetz ist jedoch in Wahrheit seine Bestätigung durch die Tatsache, daß Energieflüsse in einem einwegigen Netz-und-Blasen-System als eine simple Variable aufgefaßt werden können. Wenn man das erst begriffen hat, liegen die industriellen Anwendungsmöglichkeiten für diese neue Form von Kunststoffbeschichtungen auf der Hand.«

»Nicht für mich. Für mich liegt da gar nichts auf der Hand!« schrie Mr. West. »Was ist hier eigentlich los? Wer bist du?«

Die Stimme gab keine Antwort. Sie hatte offenbar die Verbindung unterbrochen.

Den restlichen Tag über konnte Mr. West zahlreiche verschiedene Stimmen in seinem Kopf hören. Sie sagten alles mögliche, aber nur sehr eigenartiges Zeug:

»Martin Bormann lebt, erfreut sich bester Gesundheit und arbeitet als Scientology-Auditor in Manaus, Brasilien.«

»Leaping Lady Drittes in Aqueduct.«

»Du bist der potentielle Herrscher des Solar-Systems, aber deine bösen Pseudo-Eltern haben dich in einem unreinen menschlichen Körper eingeschlossen.«

Diese Art von Gerede beunruhigte Mr. West zutiefst. Er hatte die Auffassung, daß eine Stimme im Kopf vernünftig, normal und völlig in Ordnung war. Aber eine ganze Menge Stimmen auf einmal zu hören, war das Anzeichen für beginnende Geisteskrankheit. Nur Irre hörten mehr als eine Stimme. Und das schlimmste von allem war, daß er von seiner ganz individuellen eigenen Stimme keine Antworten mehr zu hören bekam.

Er bemühte sich in den nächsten Tagen die Ruhe zu bewahren und seine Probleme ohne Hilfe zu lösen. Er verkaufte die Süßwarenladenketten-Aktien, und prompt stiegen sie am nächsten Tag um fünf Punkte. Er kaufte Thanatopsis Corporation, und der Kurs erlebte danach ein Rekordtief, als das *Time*-Magazin einen Bericht über den ersten erfolgreichen Reihentest mit einem Unsterblichkeitsserum brachte.

Er versuchte das Amelia-Problem ebenfalls zu lösen. Er rieb sich seine juckende Nase mit seiner feuchten Hand und dachte: »Mal sehen. Ich könnte nachts in ihr Zimmer schleichen und dabei eine schwarze Maske tragen. Sie würde mich wahrscheinlich trotzdem erkennen, aber vor Gericht könnte ich alles abstreiten. Oder ich könnte ihr erzählen, daß die neueste Methode in der Sexualerziehung praktische Übungen verlangt.«

Aber er wußte genau, daß diese Problemlösungen unkalkulierbare Risiken bargen. Im Lösen eigener Probleme war er einfach nichts wert, und es hatte bisher auch keinen Anlaß dafür gegeben, daß er hier besondere Fähigkeiten entwickeln mußte. Schließlich hatte er für diese Arbeit die Stimme. Er stellte sich diese Stimme als einen Miniatur-Mr.-West vor, etwa von der Größe einer Erbse, der in einem bestimmten Bereich seines Kopfes die Zentrale mit der Aufschrift HAUPTKONTROLLE bediente und von dort durch Mr. Wests Sinne die Welt draußen analysierte, das eingehende Material auswertete und danach die richtigen Entscheidungen traf.

Dies war der normale, vernünftige und rationale Weg, wie die Natur ihn vorgesehen hatte. Aber nun sprach Mr. Wests persönliche innere Stimme nicht mehr mit ihm, oder sie war verschwunden, vielleicht kam sie auch einfach nicht mehr durch.

Gegen Ende der Woche wurde er ungeduldig. »Verdammtes Ding, lös endlich mal wieder ein Problem!« rief er und schlug sich mit der Faust vor die Stirn. Aber nichts passierte, außer daß verschiedene Stimmen ihm erklärten, wie man Helium bei Zimmertemperatur stabil hält, wie man einen Mehrzweck-Substanzextraktor aus einer alten Waschmaschine bauen kann, und daß er seine Collage-Technik durch Rotogravur-Hintergründe verbessern sollte.

Doch dann, endlich, waren die Generator-Versuchsläufe abgeschlossen, die Sonnenflecken-Aktivität ließ nach, der Einfall von kosmischen Strahlen näherte sich wieder dem Normalwert, der Van-Allen-Gürtel verschob sich wieder vier Grad nördlich, und Mr. West hörte auf, Stimmen zu hören.

Zuletzt erhielt er noch die folgenden beiden Botschaften:

»Versuch es mit einem trägerlosen Stütz-BH, der zwei Nummern zu klein ist. Wenn das auch nicht seine Aufmerksamkeit erregt, kannst du ihn vergessen.«

Und:

»So gehe denn hin und führe mein Volk in die Sicherheit des Berges, der da heißt Mont Alluci, und von dort sollen sie mich preisen und mir Lieder singen, denn nur dieser eine Ort der Gerechten wird noch Leben tragen, nachdem die Bösen Mächte der Welt ihre Länder gegenseitig mit Feuer und Pest zerstört haben, wie du es in einer großen Pressekampagne verkünden sollst, und trage Sorge dafür, daß du soviel Brachland um diesen Mont Alluci aufkaufen kannst, wie nur irgend möglich, denn sobald sich dort eine Ausländerkolonie angesiedelt hat, werden die Grundstückspreise bis in den Himmel hinauf steigen.«

Damit war die Sache allerdings noch nicht ganz zu Ende. Denn an dem Tag, als die Stimmen verstummten, las Mr. West eine interessante Meldung in der NEW YORK TIMES. Sie berichtete, daß ein städtischer Polizeibeamter aus Rio Grande do Sul, von etwas getrieben, das er eine ›Stimme im Kopf‹ nannte, sich auf den Weg nach Manaus machte und dort Martin Bormann entdeckte, der sich bester Gesundheit erfreute und als Scientology-Auditor arbeitete.

Mr. West warf auch einen Blick in den Sportteil, wo er

erfuhr, daß Leaping Lady im dritten Rennen von Aqueduct gewonnen hatte.

Mr. West fand das recht verwirrend. Er rannte los und kaufte sich einen Stapel Zeitungen und Magazine. In der ART TIMES las er, wie Calderon Kelly in seiner gerade eröffneten Ausstellung seinen Stil überraschend durch einen Rotogravur-Hintergrund für seine Collagen bereicherte, mit dem er einen beeindruckenden und richtungweisenden Effekt erzielt habe. In SCIENCE BRIEFS fand er eine Kolumne über John Wolping, der gerade einen neuen Kunststoff vorgestellt hatte, der sich durch ein besonders günstiges Härte-Elastizitäts-Verhältnis auszeichnete.

Mr. Wests besonderes Interesse fand ein Feature in der NEW YORK POST über eine neue religiöse Kolonie am Nordhang des Mount Alluci im östlichen Peru. Zwei Dutzend Amerikaner waren Elihu Littlejohn Carter (bekannt als ›der letzte Prophet‹) an diesen einsamen Ort gefolgt, wo sie sich vor dem in nächster Zukunft zu erwartenden Ende der Welt in Sicherheit bringen wollten.

Mr. West legte die Zeitung zur Seite. Er fühlte sich eigenartig berührt, benommen und desorientiert. Wie ein Schlafwandler griff er zum Telefon, wählte die Nummer des Internationalen Reisebüros und buchte einen Flug nach Lima für den folgenden Tag.

Als er gerade auflegte, sagte eine klare, nicht zu verwechselnde Stimme – *seine* Stimme – in seinem Kopf: »Du hättest Südafrikanische Süßwarenladenkette nie verkaufen dürfen, aber du kannst das Doppelte wieder hereinholen, wenn du jetzt alles in Thanatopsis investierst, denn die werden nächsten Monat um zweihundert Punkte steigen, sobald die Nebenwirkungen des Unsterblichkeitsserums bekannt werden.«

Der Minatur-Mr.-West saß wieder in der HAUPTKONTROLLE! »Wo bist du die ganze Zeit gewesen?« wollte der große Mr. West wissen.

»Ich war die ganze Zeit hier. Bis eben habe ich nur keine freie Leitung bekommen können. Kam einfach nicht durch, war alles besetzt.«

»Hast du zufällig etwas darüber gehört, ob die Welt nächstes Jahr untergeht?« fragte Mr. West.

»Bei solchen Weltuntergangs-Spinnern höre ich nie zu«, erklärte der Miniatur-Mr.-West. »Nun zu Amalia. Alles, was du zu tun hast, ist, ihr die abendliche Cola mit zwei Nembutal zu würzen. Ich nehme an, du weißt selbst, wie es danach weitergeht.«

Mr. West machte die Buchung für Peru rückgängig. Thanatopsis gab Ende des Monats eine Kapital-Verzehnfachung an und Amalia wurde Nembutal-süchtig. Jeder Mann muß seiner inneren Stimme folgen, ihr allein.

Ehe-Erschleichung

Eines strahlenden Septembermorgens sah Peter Honorius seine Post durch und entdeckte darin eine Letzte Ehe-Mahnung seines Bürgeraufsichtsamtes, die ihn nachdrücklich aufforderte, innerhalb der nächsten zwei Wochen seiner Heiratspflicht nachzukommen, andernfalls drohe ihm wegen Verstoß gegen das Persönlichkeitspflege-Wohlfahrtsgesetz (PersöPfleWG) eine Geldstrafe nicht unter 50 000 Verrechnungseinheiten und 1–5-jährige Verbannung nach Lunaville mit sozialer Zwangsarbeitsverpflichtung.

Honorius war tief enttäuscht. Im letzten Monat hatte er einen Jungesellen-Status-Verlängerungsantrag (JuStaVA) für ein weiteres halbes Jahr gestellt, dem normalerweise vom Amt in einer Routineprozedur stattgegeben wurde. Jetzt blieben ihm nur noch wenige Tage, eine passende Frau zu finden oder nach Mexiko abzuhauen. Und letzteres war im Jahre 2038 alles andere als eine Alternative.

Verfluchter Mist!

*

Beim Mittagessen besprach Honorius das Problem mit seinem alten Freund Earl Underfjord. »Es ist so verdammt unfair von den Brüdern«, beklagte sich Honorius. »Irgendwer in dem verdammten Amt hat was gegen mich. Aber warum? Ich bin doch kein Terrorist. Ich weiß wie jeder andere gute Bürger, daß die Eheschließung das Mindestmaß an Sozialbekenntnis darstellt und die Grundlage der Staatssicherheit bildet. Verdammt, ich *will* ja heiraten! Ich finde bloß einfach nicht die richtige Frau!«

»Vielleicht bist du zu wählerisch«, überlegte Underfjord laut zwischen zwei Bissen. Er war schon seit gut einem Monat verheiratet, und für ihn sahen alle zwischenmenschlichen Beziehungen zur Zeit recht simpel aus.

Honorius schüttelte den Kopf. »Im Augenblick würde ich jede Verbindung akzeptieren, die keine völlige Katastrophe wird. Aber trotz Computerprofilen und modernsten Psycho-Vergleichen weiß man eben nie, worauf man sich einläßt, solange man es noch nicht tatsächlich ausprobiert hat, und dann ist es zu spät. Man weiß nie wirklich, an wen man gerät, das ist mein Problem.«

»Ja«, meinte Underfjord beruhigend, »in dieser Situation befinden wir uns eben alle, wenn es ans Heiraten geht. Die meisten Leute jedenfalls.«

»Wieso die meisten? Wer denn nicht?«

»Na ja, es gibt tatsächlich einen Weg, diese Unsicherheit zum größten Teil echt auszuschalten. Ich habe es selbst auch so gemacht. So habe ich Janie gefunden. Bisher habe ich nie über die Sache gesprochen, weil ich weiß, daß du alles scheust, was nicht ganz legal ist.«

»Natürlich versuche ich nach den Gesetzen der ethischen Sozialhygiene zu leben«, versicherte Honorius. »Aber diesmal bin ich in bösen Schwierigkeiten, da kann ich schon etwas flexibler sein. Wen muß ich umbringen?«

»So schlimm ist es gar nicht«, sagte Underfjord. Er kritzelte eine Adresse auf die Serviette. »Sprech' mal mit diesem Mr. Fuler. Er leitet den Clandstine Computer Service. Sag ihm, daß ich dich geschickt habe.«

*

Der Clandstine Computer Service hatte sich zur Zeit in einer verstaubten Büro-Etage im heruntergekommenen Lincoln-Center niedergelassen und firmierte dort als

›Gebrauchte-Software-Aufpolierungsgesellschaft mbH‹. Fulers Sekretärin, eine hübsche und gewandte junge Dame namens Dinah Grebs, führte Honorius in Mr. Fulers Privatbüro. Fuler erwies sich als ein kleiner, plumper, freundlicher, rotwangiger Mann mit einem entwaffnendem Charme und Haarproblemen. Er hatte sich bemüht, sein Büro so einzurichten, daß es wie ein englischer Salon aus König Edwards Zeiten aussah, aber es wirkte eher wie das Stilmöbel-Fenster eines Diskont-Möbelhauses.

»Bei mir sind Sie richtig«, versicherte Fuler sofort, nachdem Honorius sein Problem ausgebreitet hatte. »Der Staat verlangt, daß wir zur Sicherung der sozialen Stabilität heiraten, und er tut recht daran, denn es ist erwiesen, daß Kriminelle, Terroristen, Revolutionäre, Psychopathen, Kinderschänder, Sozialreformer, Anarchisten und andere Gemeinschaftsschädlinge in der überwiegenden Mehrzahl alleinlebende, unverheiratete Personen sind, die nichts anderes zu tun haben, als sich ihren selbstsüchtigen Vorstellungen hinzugeben und Umsturzpläne gegen den Staat zu schmieden. Die Heirat ist deshalb das Mindestmaß an Loyalitätsbezeugung, das wir Bürger unserem Staat gegenüber aufzubringen haben. Und natürlich hat niemand ernsthaft etwas daran auszusetzen, denn die Heiratspflicht dient ja wie alle anderen Erlasse des Ministerium für Geistige Gesundheit nur unserer eigenen Psychohygiene. Die Notwendigkeit der Ehe erkennen wir alle an, wir möchten lediglich sicher gehen, daß es auch eine gute Ehe wird, weil so dem Individuum und dem Staat am besten gedient ist.«

»Genau«, unterbrach Honorius, »das ist es, weshalb ich hier sitze. Haben Sie irgendwelche praktischen . . .«

Fuler ließ sich seine einführende Ansprache nicht nehmen und fuhr ungerührt fort: »Was wir brauchen, ist eine wissenschaftliche Methode, um das Risiko bei der Partnerwahl möglichst klein zu halten. Der Psychogramm-Vergleich im Computer reicht dafür längst nicht aus, denn er ist eine statische Angelegenheit. Wir brauchen eine Möglichkeit, die *Entwicklung* des jeweiligen Partners nach dem Eheschluß zuverlässig vorauszusagen. Erst wenn man weiß, was wirklich *in* der Ehe passieren wird, kann man sich auf eine Heirat einlassen. Wir wollen wissen, wie die Sache läuft, bevor wir uns für die nächsten sechzig Jahre binden. Kurz und gut, wir wollen exakt wissen, welche Situation uns in der Ehe mit einem bestimmten Partner erwartet.«

»Wenn wir das nur könnten!« rief Honorius, dem aus der Seele gesprochen worden war. »Aber es ist unmöglich. Oder haben Sie hier irgendwo eine Zigeunerin mit einer funktionierenden Kristallkugel sitzen?«

»Es gibt eine Möglichkeit«, verkündete Fuler mit einem breiten Lächeln.

»Hat jemand eine Zeitmaschine erfunden?«

»Sie kennen die Sache unter einem anderen Namen. Man nennt sie Weltpolitische-Analyse- und Simulations-Programm, kurz WASP.«

»Ich habe davon gehört«, sagte Honorius. »Es ist dieser Supercomputer unter einem Berg in Nord-Dakota, der ständig ausrechnet, was andere Länder mit uns machen, wenn wir etwas mit ihnen machen, damit wir vorher etwas machen können. Aber ich verstehe nicht, was dieses Ding mit meiner zukünftigen Ehefrau zu tun haben könnte, solange sie kein General oder Regierungschef ist.«

»Überlegen Sie doch, Mr. Honorius. Es gibt eine Maschine, die darauf programmiert ist, die Interaktionen zwischen verschiedenen Gruppen und Untergruppen von Menschen zu simulieren und zu analysieren. Könnte man sie dann nicht auch dazu benutzen, die möglichen Interaktionen, das Eheleben nämlich, zwischen zwei Individuen zu simulieren?«

»Das wäre toll«, meinte Honorius. »Aber, soviel ich weiß, ist das WASP besser bewacht als Fort Knox.«

»Aber mein Lieber, es ist eine einfache Sache, Gold zu bewachen, mit Informationen sieht es da anders aus, selbst wenn man einen Berg darauf setzt! In der Hand eines korrupten oder idealistischen Programmierers kann man aus jedem Input-Terminal für WASP, die es in den verschiedensten Regierungsdienststellen gibt, auch einen Output bekommen. Ich kann hier auch nicht andeutungsweise erklären, wie das funktioniert, aber wir haben da unsere Methoden. Ich kann nur soviel sagen, daß der WASP-Simulator Ihr Problem durchspielen wird, und Sie selbst miterleben können, wie Ihre Ehe mit einem bestimmten Partner, von dem wir selbstverständlich das Datenprofil brauchen, aussehen wird.«

»Ich kann mir überhaupt nicht vorstellen, wie Sie näher als 10 Meilen an diesen Supercomputer herankommen wollen.«

»Das brauchen wir auch gar nicht. Wir sind in Besitz eines beweglichen Terminals, der direkt mit WASP in Verbindung steht.«

Honorius pfiff leise durch die Zähne und bewunderte die ruhige Selbstsicherheit dieses freundlichen kleinen Mannes. »Mr. Fuler, wann kann ich anfangen?«

Über die Bezahlung war man sich schnell einig, und Fuler warf einen Blick auf seinen Terminkalender. »Da Ihr Fall so dringend ist, kann ich Ihnen übermorgen zehn Minuten Computerzeit dazwischenschieben. Seien Sie nachmittags hier, und Miss Grebs wird Sie zu unserem Terminal bringen und entsprechend einweisen. Und vergessen Sie nicht ihre Datenkarten und die Ihrer möglichen Gattinen mitzubringen.«

*

Honorius hielt seinen Termin pünktlich ein. In einem Briefumschlag brachte er die Datenkarten von fünfzehn in Frage kommenden heiratspflichtigen Frauen mit, die ihm die Ehepaßform-Partnervermittlung, eine exklusive Madison Avenue Agentur, aus der Staatskartei Heiratspflichtiger Frauen auf der Basis der Beantwortung von 1006 sorgfältig psychologisch ausgewerteter Fragen herausgesucht hatte. Die Frauen selbst waren Honorius nur als Nummern bekannt, denn bis zur Offiziellen Partnerwahlzusage, abgegeben beim Bürgeraufsichtsamt, wurde strenge Anonymität bewahrt. Alle Frauen hatten die Freiwillige Präventivzusage gegeben, was hieß, daß Honorius nur noch ein Formular zu unterschreiben hatte, und die Sache war gelaufen, sobald er seine Wahl getroffen hatte. (Honorius' Datenkarte wies ihn unter anderem als groß, lockenhaarig, gutaussehend, von ruhigem Temperament, freundlich zu Kindern und kleinen Tieren, und als den jüngsten Präsidenten in der Geschichte von Glip Electronics mit einem Jahreseinkommen über 35 000 und unbegrenzten beruflichen Möglichkeiten aus. Für Datenprofile wie dieses gaben die meisten Frauen eine Präventivzusage ab. Honorius war genau die Art von falschem Partner, mit der viele Frauen es gerne ein Leben lang aushalten würden.)

Miss Grebs führte Honorius auf Umwegen zu einem Gebrauchtwaren-Handel in der DeKalb-Avenue. Der Terminal war dort auf dem Parkplatz in einem alten Möbelwagen versteckt. Zwei Techniker, als Automechaniker verkleidet, führten Honorius in ein abgetrenntes

Hinterabteil des Möbelwagens, wo der Terminal leise vor sich hin summte. Sie setzten ihn auf einen schweren Programmierersessel und befestigten die psychometallischen Elektroden an seiner Stirn und seinen Handgelenken.

Miss Grebs nahm die Karten. »Sie werden heute nur für eine Karte Zeit haben«, erklärte sie. »Gleich erleben Sie, was in den fünf Jahren nach der Eheschließung passieren wird, komprimiert auf zehn Minuten realer Zeit, also passen Sie gut auf. Mit welcher Karte wollen wir anfangen?«

»Das spielt keine Rolle«, versicherte Honorius. »Sie sind alle gleich aussichtsreich. Die Karten, meine ich. Nehmen Sie die, die oben drauf liegt.«

Miss Grebs gab die Karte in den Terminal ein. Irgendwo klickte es sanft, und Honorius fühlte ein Klingeln hinter den Augen. Seine Umgebung verblaßte, und als sie wieder deutlicher wurde, sah er wie auf einem Fernsehschirm sich selbst und ein hübsches, appetitliches Mädchen mit langen, dunklen Haaren vor sich. Das war also Miss 1734–PZ–2103C.

*

Die Informationen wurden in ihm einer Serie von Montagen, Szeneneinblendungen und visuellen Vignetten vermittelt. Er sah sich selbst mit 1734 in einem überfüllten italienischen Restaurant beim Dinner, danach liefen sie Hand in Hand die Bleeker Street hinunter. Dann standen sie am Washington Square neben einem Springbrunnen, 1734 spielte Gitarre und trällerte einen Folksong. Hübsch war sie! Und wie glücklich sie beide zu sein schienen! Jetzt lagen sie vor einem kleinen Kamin in einem bescheidenen Apartment an der Gay Street. Sie trug nun einen

Mittelscheitel und eine dunkle Brille und las ein Drehbuch; sie wollte zum Film! Aber daraus wurde wohl nichts, denn in der nächsten Szene lebten sie in einem feudalen Apartment am Sutton Place, und sie briet stumpfsinnig Hamburger fürs Abendessen. (Sie hatten sich gestritten und redeten nicht mehr miteinander: er las das WALL STREET JOURNAL, und sie studierte ihre astrologischen Bücher.) Und dann lebten sie in einem wunderschönen alten Haus in Connecticut mit einem Holzzaun und einem sonnigen Kinderzimmer, das sie aber als Abstellraum benutzten. Er fuhr in diesem Winter sehr viel alleine Ski, während sie Tantra-Studien bei einer Buddhistengruppe in Maryland nachging. Als sie davon zurückkehrte, hatte sie das Haar kurzgeschoren und konnte beliebig im Lotussitz meditieren. Ihre niemals blinzelnden Augen sahen mitten durch ihn hindurch, und sie sah im Sex nur noch eine unwillkommene Ablenkung von der Visualisierung ihres Mandala. Ein Jahr später lebten sie nicht mehr zusammen. Sie hatte sich einer Ashram-Gruppe auf einer Farm bei Schenectedy angeschlossen, und er hatte eine Freundin in Brattleboro. Und damit reichte es ihm, was Miss 1734 anbelangte. Die nächste verfügbare Simulatorzeit bekam er drei Tage später.

*

Die zweite, Miss 3543, war ein hochgewachsenes, lebenslustiges Mädchen mit sandfarbenem Haar und hinreißenden Sommersprossen auf der Nase. Sie und Honorius ließen sich in Malibu nieder, wo sie jeden Tag Tennis spielte und ›Schöner-Wohnen‹-Magazine las. Wie gut sie aussah, als sie ihm seinen Waldorf-Salat neben dem Holzkohlengrill servierte und zu ihren Füßen der Cockerspaniel herumtobte! Dann waren sie in Paris – aus dem Spaniel war ein traurig dreinblickender Dackel geworden, und sie torkelte im Parnaß betrunken über die Straße und rief ihm irgend etwas Beleidigendes hinerher. Dann gab es ähnliche Szenen in Rom, Villefranche, Ibizza. Sie war jetzt ständig betrunken, und sie schienen den Dackel gegen ein Kind eingetauscht zu haben, und dann war da noch ein Kind und dazu kamen zwei Katzen und eine Haushälterin, die sich um das alles kümmerte, während 2543 eine Entziehungskur in einem sehr guten Sanatorium bei Grissons machte. Und jetzt waren sie in London. Sie war jetzt wieder fast ganz trocken, eine große, knochige, ernste Frau, die den Mund seltsam verzog, als könne sie nicht mehr grinsen, während sie auf dem Trafalgar Square Scientology-Flugblätter verteilte, und das war das Ende von 5 Jahren mit Miss 3543.

*

Bei Nummer Drei konnte sich Honorius nur noch daran erinnern, daß sie als ein bezauberndes, schüchternes Mädchen angefangen hatte, das seiner dämmrigen East-hampton-Wohnung mit ihren langen, köstlichen, sexy Schweigen einen Hauch beständiger knisternder Erotik gab. Zwei Jahre später, in einer Suite im Cattleman-Hotel von Tulsa, brüllte er sie an: »Sag endlich irgendwas, du Wachsfigur! Egal was! Rede mit mir, um Himmelswillen, sag doch was, du dumme Kuh!« Nummer Vier entdeckte ihr verborgenes Talent mit 27 und wurde ein Rollerball-Star. Nummer Fünf war die Selbstmörderin, der immer etwas dazwischenkommt. Oder war das Nummer Sechs gewesen?

*

Einen Tag vor Ablauf der Frist hatte Honorius vierzehn Karten durchprobiert, ohne daß etwas Ermutigendes dabei herausgekommen wäre. Er fühlte sich gereizt, in die Enge getrieben und zutiefst beunruhigt. So ging er zu seinem letzten Rendezvous mit düsteren Ahnungen, fast schon entschlossen, es mit der 11. Karte durchzustehen, einem ewig kichernden Ding mit zwei dämlichen Brüdern, aber wenigstens keine so schreckliche Katastrophe wie die anderen.

Aus Sicherheitsgründen war der Terminal aus dem Möbelwagen entfernt worden und stand jetzt in einer nicht mehr benutzten Toilette zwei Etagen unter Fulers Büros. Honorius ließ sich einschalten und sah sich über einen kalifornischen Strand laufen, an seiner Seite Miss 6903, eine gutaussehende Brünette, die ihm irgendwie bekannt vorkam. Hier liefen sie auch schon lachend über die George-Washington-Brücke, offenbar ohne jede Vorahnung zukünftiger Ehe-Schrecknisse. Als nächstes aßen sie Schafskäse auf einer Klippe über der Ägäis und tranken dazu schweren Rotwein. Sie standen auf einer weiten steinigen Ebene mit schneebedeckten hohen Bergen im Hintergrund. Tibet? Peru? Und dann liefen sie in Miami zusammen durch den Regen, sie trug seinen Regenmantel und lachte. Es folgte eine Szene in einem flachen, weißen Haus irgendwo auf dem Land, und sie liebten sich oft, und dann lief er nachts im Schlafzimmer auf und ab, und wiegte ein Baby mit Magenkoliken auf den Armen. Das war's. Die fünf Jahre waren um.

Honorius eilte in Fulers Büro. »Fuler«, rief er. »Ich habe sie doch noch gefunden. Ich glaube, ich liebe 6903!«

»Herzlichen Glückwunsch, mein Lieber!« sagte Fuler. »Ich habe mir schon Sorgen gemacht. Wann wollen Sie das Vorstellungsarrangement haben?«

»Ich werde jetzt gleich die Heiratszusage abgeben«,

erwiderte Honorius begeistert. »Schalten Sie Ihren Einwohnermelde-Terminal ein, und verbinden Sie mich mit der Bürgerregistratur! 6903, was für eine attraktive Nummer, nicht wahr! Ich bin gespannt, wie sie richtig heißt!«

»Das kann ich sofort für Sie herausfinden«, sagte Fuler, von Honorius' Begeisterung angesteckt. »Dies hier ist schließlich der Clandstine Computer Service! Lassen Sie mich die Nummer eben in unseren Prozessor eingeben . . . so, da haben wir sie. Es ist Miss Dinah Grebs, 4885 Railroad Street, Flushing, Queens.«

»Kommt mir vor, als hätte ich den Namen schon mal irgendwo gehört«, meinte Honorius.

»Mir auch«, meinte Fuler. »Er klingt so eigentümlich vertraut. Grebs, Grebs . . .«

»Haben Sie mich gerufen, Sir?« fragte Miss Grebs aus dem Nachbarzimmer.

»Das sind Sie!« schrie Fuler.

»Das sind Sie!« schrie Honorius. »Sie kam mir ja gleich so bekannt vor. Sie ist 6903!«

Fuler brauchte eine Minute, diese Enthüllung zu verarbeiten. Dann sagte er sehr entschieden: »Miss Grebs, können Sie mir erklären, wie Ihre Datenkarte zwischen die der von Mr. Honorius ausgewählten Kandidatinnen kommt?«

»Das möchte ich gern Mr. Honorius unter vier Augen erklären«, antwortete sie leise aber bestimmt.

*

Nachdem Fuler gegangen war, standen sich Honorius und Grebs in seinem Büro gegenüber. »Würde es Ihnen etwas ausmachen, mir den Grund zu sagen?« erkundigte sich Honorius.

»Sie sind ein guter Fang, Mr. Honorius«, antwortete

Dinah Grebs. »Aber ich habe mich tatsächlich in Sie verliebt, als Sie zum ersten Mal bei uns hereinsahen. Ich brauchte nicht die Hilfe der größten Denkmaschine der Welt, um mir da sicher zu sein. Ihre First-Class-Agentur hätte meine Karte niemals in die nähere Wahl einbezogen. Und Sie haben mit keinen einzigen Blick nachgeworfen. Ich wollte Sie, Honorius, und deshalb tat ich, was ich tun mußte, um Sie zu kriegen. Und ich schäme mich nicht im geringsten deswegen!«

»Ich verstehe«, erwiderte Honorius. »Ich muß Ihnen aber sagen, daß Sie aus meiner Sicht keinerlei legale Eheansprüche gegen mich haben. Trotzdem möchte ich Ihnen für Ihr Interesse, Ihre Zeit und die ganzen Ungelegenheiten eine angemessene finanzelle Entschädigung anbieten.«

»Was habe ich da gerade gehört? Stimmt das wirklich?« rief Grebs. »Sie bieten mir Geld an, damit ich Sie gehen lasse?«

»Ja, sicher«, bestätigte Honorius. »Ich möchte eine faire Regelung für uns beide.«

»Dreckskerl«, sagte Grebs. »Es wird dich keinen Cent kosten, mich loszuwerden. Du hast es gerade schon geschafft. Endgültig.«

»Warten Sie doch einen Moment«, sagte Honorius erschrocken. »Ich habe das Gefühl, da haben Sie etwas in die ganz falsche Kehle gekriegt. Ihr Ton ist völlig fehl am Platz. *Ich* bin doch derjenige, der sich hier verletzt fühlen muß, nicht Sie.«

»*Sie* fühlen sich verletzt? Ich verliebe mich Hals über Kopf in Sie, begehe wegen Ihnen mehrere kriminelle Handlungen, riskiere alles mögliche, mache mich vor Ihnen zum Narren, und Sie stehen hier vor mir und erklären mir auch noch, Sie fühlten sich durch mich verletzt!«

»Aber Sie haben doch versucht mich hereinzulegen! Ich nehme an, Sie haben die Datenkarten irgendwie manipuliert, oder etwa nicht?«

»Da haben Sie recht«, schrie sie. »Ich bin sicher, jede davon würde Ihren primitiven Ansprüchen genügen. Ich empfehle Nummer Drei, das war die, die nie redete. Bei der bekommen Sie wenigstens immer recht!«

Honorius murmelte etwas, das nach einer Verwünschung klang, und trat dicht an sie heran. Grebs holte mit der Hand aus, und Honorius packte ihr Handgelenk. Und plötzlich waren sie sich körperlich sehr nahe. Sie lagen sich zwar nicht gerade in den Armen, aber sie fühlten sich gegenseitig und sahen einander direkt in die Augen, während sie heftig atmeten.

Liebe, das geheime und dem Staat unzugängliche Herz des Paarungsverhaltens beim Menschen, ist eine beobachtbare, aber niemals zu simulierende Größe in den zwischenmenschlichen Beziehungen. Liebe überwindet alle gegenteiligen Vorsätze und macht jeden bereits gefaßten Entschluß hinfällig. Der gegenseitige Liebesblick ist die Simulation aller zukünftigen Liebe, denn er gibt den Vorgeschmack aller kommenden Freuden und Sorgen und setzt den automatischen Paarungsmechanismus in Gang, auf dem Erfolg und Sicherheit unseres Staatswesen beruhen.

Später fragte Honorius: »Sag mal, war unsere Zukunft, die ich da im Computer gesehen habe, echt oder hast du die Daten zurechtgemauschelt?«

»Da mußt du schon abwarten und es selber herausfinden«, sagte ihm Dinah, und das hörte er nicht zum letzten Mal von ihr.

Zirn dem Feind preisgegeben,
der Jenghik-Palast
in Flammen und Jon Westerly tot

Die Meldung triefte von nacktem Entsetzen. »Jemand tanzt schon auf unseren Gräbern«, sagte Charleroi. Seine Augen hoben sich, die ganze Erde mit ihrem Blick zu umfassen. »Das gibt hier ein hübsches Mausoleum ab für uns.«

*

»Seltsam sind deine Worte«, sagte sie. »Und doch liegt in deinem Wesen etwas, das mir gefällt . . . Komm näher, Fremder, und erkläre dich.«

*

Ich trat einen Schritt zurück und riß mein Schwert aus der Scheide. Neben mir hörte ich ein metallisches Sirren. Auch Octepis Marn hatte blank gezogen, und nun stellte er sich Rücken an Rücken mit mir auf, während die Megenth-Horden heranstürmten.

»Nun gilt es, unsere Leben teuer zu verkaufen, Jon Westerly«, rief Octepis Marn mit dem eigentümlichen gutturalen Zischen der Mnerianer.

»So teuer wie möglich«, antwortete ich. »Und es wird mehr als ein Fenster geben, um den Passagekeen hindurch zu tanzen, bevor dieser Tag zu Ende geht.«

Er nickte. »Und einige für immer ungetröstete Väter werden dem Gott des Verfalls ein einsames Opfer bringen.«

Wir lächelten uns zu diesen trotzigen Worten zu. Aber wir hatten keinen Anlaß zu lachendem Trotz. Das Ende nahte. Die Megenth-Käfer kamen jetzt langsamer heran.

Unaufhaltsam rückten sie über das rosa und grüne Moos vor. Sie hatten ihre *raftii* gezogen – diese langen, geschwungenen, zweischneidigen Dolche, die in den letzten Zufluchten der inneren Galaxis von allen zivilisierten Wesen gefürchtet und gehaßt wurden. Wir warteten.

Die erste Klinge traf auf mein Schwert. Ich parierte und stieß zu, erwischte den riesigen Burschen am Halsansatz. Er taumelte zurück, und ich warf mich dem nächsten entgegen.

Diesmal hatte ich es gleich mit zweien auf einmal zu tun. Ich konnte neben mir das scharfe Zischen von Octepis' Atemschläuchen hören, während er mit seinem Schwert auf die Angreifer einhieb. Die Situation war völlig hoffnungslos.

Ich dachte an die noch niemals dagewesene unglückliche Kombination einzigartiger Umstände, die mich in diese ausweglose Lage gebracht hatte. Ich dachte an die Städte der Terranischen Pluralität, deren Existenz von dem Ausgang unseres chancenlosen Kampfes abhing. Ich dachte an den Herbst in Caracassone, die frischen Morgen von Saskatoon, den stahlfarbenen Regen in den Black Hills. Würde dies alles nun vernichtet werden? Sicher nicht! Und doch – warum eigentlich nicht?

*

Wir sagten zu dem Computer: »Da hast du die Fakten und unsere Fragestellungen. Tu uns den Gefallen, lös das Problem und rette damit unser Leben und alles übrige Leben auf der Erde.«

Der Computer computete, dann sagte er: »Das Problem ist nicht zu lösen.«

»Wie sollen wir denn dann vorgehen, um die Erde vor der sicheren Zerstörung zu retten?«

»Das werdet ihr nicht«, erklärte uns der Computer.

Wir verließen ihn traurig. Aber dann sagte Jenkins: »Ach, zum Teufel – das war nur die Meinung eines einzigen Computers.«

Das brachte uns wieder etwas in Stimmung. Wir ließen die Köpfe nicht mehr so hängen und entschieden uns, einen anderen Rat zu suchen.

*

Die Zigeunerin drehte die Karte um. Es war das ›Jüngste Gericht‹. Wir verabschiedeten uns betrübt. Dann sagte Meier: »Ach, zum Teufel – das war nur die Meinung einer einzigen Zigeunerin.«

Das brachte uns wieder in Stimmung. Wir ließen die Köpfe nicht mehr so hängen und entschieden uns, einen anderen Rat zu suchen.

*

Alles kam völlig überraschend und plötzlich. Die reptiloide Streitmacht der Megenth, um die es so lange ruhig geblieben war, begann eine neue Expansionswelle, die ihnen das Serum ermöglichte, das ihnen Charles Engstrom, der größenwahnsinnige Telepath, beschafft hatte. Jon Westerly wurde umgehend von seiner Mission nach Angoss II zurückberufen. Westerly ereilte das außergewöhnliche Mißgeschick, in einem Ring der Dunkelmacht zu materialisieren, was durch den Verrat von Octepis Marn möglich geworden war, seinem treuen Mnerianischen Gefährten, der ohne Westerlys Wissen in der Halle der Schwebenden Spiegel in eine Falle gegangen war, worauf man seinen Geist gegen den des Renegaten Santhis, des Führers der Entropie-Gilde, ausgetauscht hatte. Das war das Ende für Westerly und der Anfang vom Ende für uns.

*

Der alte Mann lag im Sterben. Ich löste die Gurte des qualmenden Kommandosessels und zog ihn hinter den Kontrollen weg. Dabei stieg mir der charakteristische süß-sauer-salzige Geruch von Mangine in die Nase, dieses berüchtigte Narkotikum, das nur in den Höhlen von Ingidor wächst. Sein mörderischer Einfluß mußte unsere Kommandoposten entlang des Gürtels der Kriegssterne ausgeschaltet haben.

Ich schüttelte ihn grob. »Preston!« schrie ich. »Um der Erde willen, um Magdas willen, für alles, was Euch je etwas wert gewesen ist – erzählt mir, was passiert ist!«

Er rollte mit den Augen. Sein Mund zitterte. Mit äußerster Anstrengung brachte er hervor: »Zirn! Zirn ist gefallen, gefallen!«

Sein Kopf rollte zur Seite. Der Tod entspannte sein Gesicht.

Zirn gefallen, an den Feind verloren! Mein Gehirn arbeitete wie im Fieber. Das bedeutete nichts anderes, als daß der Hohe Sternenpaß ungeschützt offen lag, die Negativ-Akkumulatoren den galaktischen Schutzschirm nicht länger aufrechterhielten und die Drohnen-Armeen besiegt waren. Zirn war die Wunde, durch die unser Lebensblut rinnen würde. Aber irgendwo mußte es doch einen Ausweg geben?

*

Präsident Edgars sah zu dem Porzellan-Telefon. Man hatte ihn gewarnt, es nur im schlimmsten Notfall zu benutzen, und vielleicht dann nicht einmal. Aber die augenblickliche Situation rechtfertigte einfach alles . . . Er griff zum Hörer.

»Rezeption Paradies, Miss Ophelia am Apparat.«

»Hier spricht Präsident Edgars von der Erde. Ich muß dringend mit Gott reden.«

»Gott ist zur Zeit nicht in seinem Büro und hat auch nichts hinterlassen. Kann ich Ihnen irgendwie aushelfen?«

»Ja, also, wissen Sie«, sagte Edgars, »wir haben hier einen wirklich ernsten Notfall. Ich will damit sagen, es sieht aus, als ob alles vorbei sei.«

»Alles?« fragte Miss Ophelia.

»Ja, nein, also nicht im wörtlichen Sinne *alles*. Aber es geht um unsere Vernichtung, die von uns und von der Erde und von allem darauf. Wenn Sie Gott vielleicht auf dieses Problem hinweisen könnten . . .«

»Da Gott allwissend ist, wird er bereits alles darüber wissen, da können Sie ganz beruhigt sein.«

»Ich bin sicher, er weiß davon.

Aber ich dachte, ich könnte mit ihm persönlich einmal darüber sprechen . . .«

»Ich fürchte, das ist im Augenblick leider nicht möglich. Aber Sie können gerne eine Nachricht hinterlassen. Gott ist sehr gut und ausgesprochen fair und verläßlich, und ich bin ganz sicher, daß er sich mit Ihrem Problem befassen wird und das tun wird, was richtig und göttlich ist. Er ist wunderbar, wissen Sie. Ich finde Gott hinreißend. Ich liebe Gott.«

»Das tun wir alle«, versicherte Edgars traurig.

»Kann ich sonst noch etwas für Sie tun?«

»Nein. Doch! Könnte ich bitte mit Mr. Joseph J. Edgars sprechen?«

»Wer soll das sein?«

»Mein Vater. Er starb vor zehn Jahren.«

»Es tut mir leid, Sir. Das ist nicht erlaubt.«

»Können Sie mir denn wenigstens sagen, ob er bei Euch da oben ist?«

»Tut mir leid, darüber dürfen wir am Telefon nicht sprechen. Für solche Informationen bin ich nicht zuständig.«

»Ja, können Sie mir denn wenigstens sagen, ob überhaupt *irgend jemand* da oben ist? Ich meine, gibt es wirklich ein Leben nach dem Tod? Oder sind da oben nur Sie und Gott ganz allein? Oder vielleicht nur Sie?«

»Für Informationen bezüglich des Lebens nach dem Tode«, sagte Miss Ophelia, »wenden Sie sich bitte an ihren nächsten Priester, Pastor, Rabbi, Mullah oder jeden anderen aus der Liste von Gottes akkreditierten Vertretungen auf Erden. Vielen Dank für Ihren Anruf.«

Es gab ein süßes Glöckchengeklingel. Dann war die Leitung tot.

»Was hat der Große Bursche gesagt?« fragte General Muller.

»Ich bin von der Sekretärin im Vorzimmer abgefertigt worden.«

»Ich persönlich glaube nicht an einen Aberglauben wie Gott«, sagte General Muller. »Selbst wenn er sich als wahr herausstellen sollte, finde ich es gesünder, nicht an sowas zu glauben. Sollen wir weitermachen?«

Sie machten weiter.

*

Die letzte Botschaft des Roboters, der Dr. Zach gewesen sein könnte: »Meine wahre Identität ist für mich selbst ein Rätsel, und zwar eines, das ich unter den derzeitigen Bedingungen nicht mehr zu lösen erwarte. Aber ich war im Jenghik-Palast. Ich sah die Megenth-Krieger über die blutigen Balustraden schwärmen, die Kandelaber herunterreißen, verwüsten, zerstören, morden. Der Gouverneur starb mit dem Schwert in der Hand. Die Terranische Garde verschanzte sich in der Straße der Schmerzen und fiel dort bis auf den letzten Mann nach einem glorreichen Gefecht. Die Damen des Hofes verteidigten sich mit ihren Zierdolchen, die so klein waren, daß sie fast nur symbolisch wirkten. Man gewährte ihnen ein schnelles Ende. Ich sah das große Feuer die stolzen Bronzeadler der Erde verzehren. Die Armeen der Hilfsvölker waren längst geflohen. Ich sah den Jenghik-Palast, diesen mächtigen Grenzstein des Reiches, der die weiteste Ausdehnung der terranischen Souveränität markierte, lautlos in den Staub sinken, aus dem er einst errichtet worden war. Und da wußte ich, daß alles verloren war, und daß das Schicksal der göttlichen Erde – jenes Planeten, als dessen loyalen Sohn ich mich betrachte, trotz der Tatsache, daß ich (wie ich annehme) gebaut und nicht gezeugt, eher produziert als geboren wurde – das Schicksal der heiligen Erde nichts anderes als die völlige Vernichtung sein konnte, bis nicht einmal der Geist einer Erinnerung übrig war.«

*

»Du hast es selbst gesagt: ›Ein Stern explodierte in seinem Auge.‹ An diesem letzten Tag muß ich dich lieben. Überall gibt es böse Gerüchte heute nacht, und der Himmel ist rot. Ich liebe es, wenn du den Kopf so schüttelst wie jetzt gerade. Vielleicht ist es wahr, daß wir nur ein Fleischbrocken zwischen den eisernen Zähnen von Leben und Tod sind. Trotzdem messe ich die Zeit lieber mit meiner eigenen Uhr und laß mir nur von ihr sagen, was die Glocke geschlagen hat. So fliege ich denn den Zeichen der Zeit ins Gesicht, fliege zusammen mit dir.«

»Es ist das Ende, ich liebe dich, es ist das Ende.«

Der Alptraum Nummer Eins

Johnny Bezique war Raumschiffpilot für die S. B. C. Raumerkundungsgesellschaft. Er untersuchte gerade die Randzonen des Seergon Clusters, der damals noch als *terra incognita* galt. Die ersten vier Planeten wiesen nichts Interessantes auf. Bezique steuerte den fünften an, und dann begann der Alptraum Nummer Eins.

Der Bordlautsprecher wurde plötzlich aktiviert. Er mußte von einer fremden Macht in Fernsteuerung übernommen worden sein, denn der Funk war nicht eingeschaltet. Eine tiefe Stimme verkündete: »Sie nähern sich dem Planeten Loris. Wir gehen davon aus, daß Sie ein Landemanöver beabsichtigen.«

»Das stimmt«, antwortete Johnny. »Wie kommt es, daß Sie so gut Englisch sprechen?«

»Einer unserer Computer leitete die Sprache während der Annäherung Ihres Raumschiffs aus Ihren Verhaltens- und Gehirnwellenmustern ab.«

»Eine beeindruckende Leistung«, sagte Johnny.

»Das war nur eine Kleinigkeit«, versicherte die Stimme. »Wir werden jetzt eine direkte Verbindung zu Ihrem Bordcomputer schalten, den wir für das Landemanöver übernehmen. Er bekommt die Orbitdaten, Sinkgeschwindigkeit und alle anderen notwendigen Daten von uns eingespeist. Sind Sie damit einverstanden?«

»Aber sicher, machen Sie ruhig weiter«, erklärte Johnny. Er hatte gerade den ersten Kontakt der Erde mit einer fremden intelligenten Rasse miterlebt. So begann der Alptraum Nummer Eins immer.

John Charles Bezique war ein krummbeiniger kleiner Bursche mit rostrotem Haar und einer etwas jähzornigen Veranlagung. Er besaß die nötige technische Kompetenz für seinen Job. Dazu war er eitel, streitlustig, ignorant, furchtlos und von schlichtem Gemüt. Kurz gesagt, er war der perfekte Mann für die Weltraum-Fernerkundung. Man braucht einen ganz bestimmten Typ Mensch für diese Aufgabe, einen Menschen, der die erschütternden Unendlichkeiten des Raumes ertragen kann und den paranoiden Streß ständiger Bedrohung durch das Unbekannte. Es muß ein Mann mit einem mächtigen und überentwickelten Ego sein, der einen hohen Grad von aggressiver Selbstsicherheit besitzt. Es muß ein echter Spinner sein, einer von den Kerlen, die glauben, das ganze Universum wäre für sie ganz persönlich erschaffen worden. Deshalb werden alle Erkundungsraumschiffe von Männern wie Bezique geflogen, deren Selbstsicherheit sich fest auf unbezwingbarer Selbstüberschätzung gründet, unterstützt von undurchdringlicher Ignoranz. Die Conquistadoren besaßen diesen Charaktertypus. Cortez und sein Haufen von Halsabschneidern eroberten das Azteken-Reich, weil sie zu dumm waren, um die Unmöglichkeit eines solchen Vorhabens zu begreifen.

Johnny lehnte sich in seinem Pilotensessel zurück und beobachtete an seinen Kontrollen, wie sich die Geschwindigkeit und der Kurs seines Schiffes rapide veränderten. Der Planet Loris tauchte auf dem Sichtschirm auf, blau, grün und braun. Johnny Bezique schickte sich an, dem galaktischen Nachbarn von nebenan einen ersten Höflichkeitsbesuch abzustatten.

Es ist nett, intelligente Nachbarn zu haben, wenn man die Sache intergalaktisch betrachtet, aber es ist weniger nett, wenn diese Nachbarn ein gutes Stück cleverer sind und vielleicht auch noch schneller und stärker und aggressiver. Solche Nachbarn würden eventuell etwas für uns oder mit uns oder gegen uns tun wollen. Natürlich war eine solche Entwicklung nicht unausweichlich, aber man mußte darauf gefaßt sein, das Universum ist hart, und die wichtigste Frage lautet imer, wer ist oben und wer ist unten?

Die Erde schickte Expeditionen ins All auf Grundlage der Theorie, daß, wenn da oben wirklich jemand sein sollte, es besser für uns war, ihn zu finden, als daß die Burschen eines friedlichen Sonntagsmorgen über uns herfielen. Der militärische Alptraum Nummer Eins der Erde begann immer mit dem ersten Kontakt zu einer hochentwickelten fremden Zivilisation. Danach gab es einige Variationen. Manchmal waren die Fremden technisch weiter entwickelt, manchmal hatten sie unglaubliche Geisteskräfte, manchmal waren sie auch saudumm aber militärisch beinahe unbezwingbar – wandelnde Riesenpflanzen, schwärmende Insektenmenschen und ähnliches. Für gewöhnlich waren sie jedenfalls skrupellos und amoralisch, ganz im Gegensatz zu unseren guten Jungs von der Erde.

Aber das waren weniger wichtige Einzelheiten. Der Hauptteil des Alptraumes sah immer gleich aus: *Die Erde bekommt Kontakt zu einer mächtigen außerirdischen Zivilisation und wird von den Fremden erobert.*

Bezique war unterwegs, die Antwort auf die einzige Frage zu finden, an der die Erde ernsthaft interessiert war: Packen sie uns, oder packen wir sie?

Wie die Sache bis jetzt aussah, hätte er auf das Ergebnis noch keine Wette abgeschlossen.

Auf Loris gab es atembare Luft und trinkbares Wasser. Und die Leute dort waren humanoid. Und dies alles trotz der Tatsache, daß der Nobelpreisträger Serge von Blut die Wahrscheinlichkeit einer solchen Welt bei Eins zu 10^{39} berechnet hatte.

Die Lorianer gaben Bezique einen Hypnokurs in ihrer Sprache, eine Sache von einer halben Stunde, und schickten ihn dann auf eine Besichtigungstour durch ihre

Hauptstadt Athisse, bei der ihm ein kompetenter Führer ständig zur Seite stand.

Je mehr Johnny sah, desto düsterer wurde seine Stimmung, denn die Leute dort hatten wirklich eine beeindruckende Kultur zu bieten.

Die Lorianer waren ein freundliches, umgängliches, stabiles, erfinderisches und fortschrittliches Volk. Sie kannten keine Kriege, keine Revolutionen, keine Aufstände. Jedenfalls hatten sie in den letzten fünfhundert Jahren keine mehr erlebt, und davor hatten solche Ereignisse auch keine besondere Rolle gespielt. Geburten- und Todesraten waren hübsch aufeinander abgestimmt. Es gab viele Lorianer, aber genug Raum und Lebensmöglichkeiten für alle. Es gab verschiedene Rassen, aber keine Rassenprobleme. Die Lorianer besaßen eine hochentwickelte Technologie, aber sie hielten ohne Mühe eine wunderbare ökologische Balance mit der Natur ihres Planeten ein. Jede individuelle Arbeit war kreativ und freiwillig, da man alle schwere und monotone Schufterei an selbstregulierende Maschinen abgegeben hatte.

Die Hauptstadt Athisse war ein zyklopisch wirkender Ort mit enormen und fantastisch schönen Bauwerken, Schlössern, Palästen, Türmen und ähnlichem, alle kostenlos zu besichtigen und alle von einer das Auge betörenden kühnen Asymmetrie. In der Stadt gab es alles – Basare, Restaurants, Parks, majestätische Statuen, Häuser, Friedhöfe, Vergnügungsparks, Hamburger-Stände, Spielplätze, selbst einen Fluß mit Limonade – was immer einem gerade einfiel, sie hatten es. Und alles war kostenlos inklusive des Essens, der Kleidung, der Wohnungen und der Vergnügungen. Man nahm sich, was man brauchte, und gab, was man wollte, und irgendwie balancierte sich das dann aus. Unter diesen Umständen war Geld auf Loris natürlich überflüssig, und ohne Geld braucht man auch keine Banken, keine Schatzkammern, keine Tresore und keine Bankräuber. Tatsächlich gab es nicht einmal Schlösser. Auf Loris wurden alle Türen durch simple mentale Befehle geöffnet und geschlossen.

Die Politik der Regierung spiegelte die fast unbewußten Kollektivwünsche des lorianischen Volkes wider. Und der Kollektivgeist dieses Volkes war ruhig, besonnen und *gut*. Zwischen den öffentlichen Bedürfnissen und den Handlungen der Regierung gab es keine Abweichungen, ja, sie waren identisch.

Je mehr Johnny sich mit dieser Sache befaßte, desto mehr kam er zu dem Eindruck, daß Loris in Wirklichkeit gar keine Regierung besaß, und daß da, wo es doch eine gab, das Regieren sich in Nichtregieren ausdrückte. Der Lorianer, der einem Regierungsoberhaupt am nächsten kam, war Verhee, der Chef des Büros für Zukunftsprojektionen – er gab von Zeit zu Zeit ökonomische, soziale und wissenschaftliche Entwicklungsprognosen heraus.

Bezique lernte dies alles in wenigen Tagen. Ihm zur Seite stand dabei ein eigens dafür ernannter Führer namens Helmis, ein Lorianer von Johnnys Alter, dessen Witz, Geduld, Nachsicht, Freundlichkeit, unbezwingbarer Humor, kühne Einsichten und bescheidene Manieren Johnny an den Rand des Wahnsinns brachten.

Als Johnny sich die ganze Sache in seinem wunderschön gelegenen Apartment überlegte, kam er zu dem Schluß, daß die Lorianer in allen Punkten den menschlichen Idealvorstellungen so nahe kamen, wie man das überhaupt bei lebenden Wesen erwarten kann. Sie schienen echt nette Leute zu sein und die Paladine aller wahren Tugenden. Aber das änderte an Terras Alptraum Nummer Eins gar nichts. Menschen, in ihrer Pervertiertheit, wollen nun einmal nicht von Außerirdischen regiert werden, selbst nicht von wundervoll guten Außerirdischen zum Wohle der Erde.

Bezique erkannte deutlich, daß die Lorianer ein gänzlich unaggressives, an keinerlie Expansion interessiertes Völkchen waren, ohne Verlangen nach Krieg, Eroberung, der Verbreitung des Lichts ihrer Zivilisation im Kosmos oder sonstigen Ego-Trips. Auf der anderen Seite waren sie aber clever genug, schnell dahinterzukommen, daß, wenn sie nichts gegen die Erde unternehmen würden, die Erde verdammt schnell etwas gegen sie in die Wege leiten würde oder es zumindest versuchen und dabei eine schöne Schweinerei anrichten.

Natürlich konnte es auch sein, daß es gar nicht zu dem großen Showdown kam. Vielleicht hatte ein Volk, das so vertrauensvoll und friedliebend war wie die Lorianer, überhaupt keine nennenswerten Waffen. Aber schon am nächsten Tag lernte er, daß dies ein Fehlschluß war, als Helmis ihn zur Besichtigung der Raumflotte der Alten Dynastie einlud.

*

Es handelte sich dabei um die letzten schweren Kriegswaffen, die auf Loris gebaut worden waren. Die Flotte hatte inzwischen ein Alter von über tausend Jahren, aber alle siebzig Schiffe waren noch so betriebsbereit, als wären sie erst gestern in Dienst gestellt worden.

»Tormish I., der letzte Herrscher der Alten Dynastie, trug sich mit dem Plan, alle zivilisierten Planeten zu unterwerfen«, erklärte Helmis. »Glücklicherweise stürzte unser Volk ihn auf unblutige Weise, bevor er sein Projekt in die Tat umsetzen konnte.«

»Aber die Schiffe habt ihr immer noch«, meinte Johnny.

Helmis zuckte die Schultern. »Sie sind das beste Denkmal für die Irrationalitäten unserer Vergangenheit. Und wenn man es mehr von der praktischen Seite sieht, falls irgendwann einmal jemand versuchen sollte, bei uns einzumarschieren . . . wir könnten ihm damit vielleicht den Spaß verderben.«

»Das könntet ihr eventuell schaffen«, erwiderte Johnny. Er hatte gerade herausgefunden, daß eines dieser Schiffe mit allem fertigwerden würde, was die Erde in den nächsten zweihundert Jahren in den Weltraum hieven konnte. Kein Zweifel, die Lorianer standen nicht schlecht da.

Das war nun also das Leben auf Loris, genau wie man es sich im Standardszenario des Alptraums Nummer Eins immer vorgestellt hatte. Zu schön, um wahr zu sein. Perfekt. Ekelhaft, ja verdächtig perfekt.

War es wirklich so perfekt? Beziques besaß den festen Glauben des echten Terraners, daß jede Tugend ihre Schattenseiten haben mußte. Wie er selbst es gewöhnlich auszudrücken pflegte: »Jede Sache hat irgendwo ihren Haken.« Selbst Gottes Himmel konnte so gut nun auch wieder nicht funktionieren.

Er sah sich alle mit kritischen Augen an. Loris hatte jedenfalls Polizisten. Man nannte sie hier Monitoren, und sie waren von einer bedrückenden Höflichkeit. Aber sie waren Bullen. Daraus ließ sich auf die Existenz von Kriminellen schließen.

Helmis nahm auch in dieser Beziehung kein Blatt vor den Mund. »Wir haben gelegentlich genetische Unregelmäßigkeiten, die zu Charakterdeformationen führen können. Aber natürlich gibt es keine kriminellen Klassen im Volk, keine Berufsverbrecher. Die Monitoren stellen eine Art Erzieher dar, keine Gesetzesvollstrecker. Jeder Bürger kann einen Monitor in Fragen des persönlichen

Verhaltens um Rat angehen. Sollte er unbeabsichtigt ein Gesetz gebrochen haben, wird der Monitor ihn darauf hinweisen.«

»Und ihn dann verhaften?«

»Keinesfalls. Der Bürger wird sich entschuldigen, und damit ist der ganze Zwischenfall vergessen.«

»Aber wenn ein Bürger nun immer wieder die Gesetze bricht, was machen denn dann die Monitoren mit ihm?«

»Dazu kommt es nie.«

»Aber wenn es nun dazu käme?«

»Die Monitoren haben die notwendigen Anweisungen, auch mit einem solchen Problem fertigzuwerden, falls es sich tatsächlich einmal ergeben sollte.«

»Sie sehen mir eigentlich nicht wie Burschen aus, die mit allem fertig werden«, stellte Johnny fest. Irgendwie überzeugte ihn das ganze System nicht recht. Vielleicht konnte er es sich auch einfach nicht leisten, von einem solchen System überzeugt zu sein. Jedenfalls . . . die Sache funktionierte. Loris funktionierte verdammt gut. Das einzige, was auf dieser Welt nicht richtig funktionierte, war John Charles Bezique. Das lag daran, daß er ein Erdenmensch war, also ein unausgeglichener Primitivling. Und außerdem lag es auch daran, daß Johnny immer übellauniger, depressiver und unberechenbarer wurde.

Die Tage vergingen, und alles war einfach schön. Die Monitoren liefen herum wie wohlmeinende alte Tanten. Der Verkehr floß ohne Stauungen und Wutanfälle dahin. Die Millionen automatischer Robotarbeitssysteme lieferten alle lebenswichtigen Produkte und entfernten allen Abfall. Jeder jüngste Sohn schien ein Künstler zu sein oder etwas in dieser Richtung, und alle hatten sie eine eigene Beziehung zur Kunst.

Niemand wurde für seinen Job bezahlt, und niemand

fühlte sich deswegen schuldig, aber alle schienen Meister in ihrem Fach zu sein. Arbeit war etwas für Maschinen, nicht für Menschen.

Und alle waren so einsichtig in allen Fragen! Und so rücksichtsvoll zueinander! Und so gut gelaunt! Und so hochintelligent und von blendendem Aussehen!

Okay, es war also wirklich das Paradies. Selbst Johnny Bezique mußte das zugeben. Und das machte seine sich von Tag zu Tag verschlechternde Laune so schwer zu verstehen, wenn man zufällig kein Erdenmensch war.

Setze einen Mann wie Johnny in eine Welt wie Loris, und du bekommst mit Sicherheit bald den größten Ärger. Johnny gelang es zwei Wochen lang, sich zusammenzureißen. Dann fuhr er eines Tages mit einem Wagen durch die Gegend. Das Fahrzeug stand ganz zu seiner persönlichen Verwendung, und er hatte die Steuerung in manueller Kontrolle übernommen. Er bog links ab, ohne das entsprechende Signal für die anderen Verkehrsteilnehmer zu geben.

Ein Wagen wollte gerade links an ihm vorbeiziehen. Johnnys abrupter Fahrtrichtungswechsel war für die Reflexe des anderen Fahrers fast zuviel. Es ging noch einmal gut, aber sehr knapp. Die Wagen schrammten aneinander entlang und blieben dann Seite an Seite stehen. Johnny und der andere Fahrer stiegen beide aus.

Der andere Fahrer sagte freundlich: »Na, alter Junge, sieht aus, als hätten wir da beinahe ganz schönen Mist gebaut.«

»Was heißt hier wir?« legte Johnny erbost los. »Sie haben mich geschnitten!«

Der andere Fahrer antwortete mit einem nachsichtigen Lächeln: »Das scheint mir anders gewesen zu sein. Aber natürlich kann man nie ausschließen, daß . . .«

»Sie haben mich geschnitten«, schnappte Johnny, »und Sie hätten beinahe . . .«

»Aber Sie werden doch sicher einsehen, daß Sie, wenn Sie vor mir fahren und ohne das entsprechende Signal abzugeben, links einbiegen, für mich keine Möglichkeit mehr besteht . . .«

Johnny hob seine Faust dem anderen Fahrer bis wenige Zentimeter unter die Nase. Gefährlich leise knurrte er: »Paß auf, Mann, du warst schuld, hast du das verstanden? Wie oft soll ich dir das noch erzählen?«

Der andere lächelte wieder, diesmal aber etwas unsicher und schief. »Ich schlage vor, wir überlassen es den Zeugen, die Schuldfrage zu klären«, meinte er. »Ich bin sicher, die Leute dort drüben können uns sagen . . .«

Johnny schüttelte den Kopf. »Ich brauche keine Zeugen«, rief er. »Ich *weiß*, was passiert ist. Ich *weiß*, daß Sie daran schuld sind.«

»Sie scheinen da sehr sicher zu sein.«

»Sicher bin ich sicher«, versicherte Johnny. »Ich bin so sicher, weil ich es weiß.«

»Nun, in diesem Fall, wird es wohl . . .«

»Ja, was?« knurrte Johnny.

»Nun«, sagte der Lorianer, »in diesem Fall wird mir wohl nichts anderes übrig bleiben, als mich zu entschuldigen.«

»Das ist das mindeste, was Sie mir schuldig sind«, brummte Johnny, stapfte zu seinem Wagen und raste mit unzulässig hoher Geschwindigkeit davon.

Nach diesem Zwischenfall fühlte Bezique sich ein wenig besser, aber auch sturer und widerspenstiger als je zuvor. Die Überlegenheit der Lorianer widerte ihn an. Ihre Vernunft und ihre Tugendhaftigkeit war schlicht zum Kotzen.

Mit zwei Flaschen lorianischem Branntwein, einem

medizinischen Getränk, das von Lorianern nur zu medizinischen Zwecken benutzt wurde, zog Johnny sich in sein Apartment zurück. Er betrank sich und brütete stundenlang vor sich hin. Ein Sozialverhaltensberater schaute vorbei und wies Johnny darauf hin, daß sein Verhalten nach dem Beinahe-Unfall provozierend, unhöflich, rechthaberisch und barbarisch gewesen sei. Der Berater kleidete diesen Hinweis in sehr freundliche und verständnisvolle Worte.

Johnny empfahl ihm, umgehend zu verschwinden. Für einen Terraner war Johnny nicht einmal besonders uneinsichtig. Wenn man ihn ein paar Tage in Ruhe gelassen hätte, wäre er wahrscheinlich selbst auf den Gedanken gekommen, sich zu entschuldigen.

Der Sozialberater blieb und appellierte weiter an Johnnys Vernunft. Er schlug eine Sozialanpassungstherapie vor. Um die Wahrheit zu sagen, er ging so weit, auf einer solchen Therapie zu bestehen: Johnny unterlag jähzornigen und aggressiven Stimmungen, er war eine Gefahr für die Sicherheit aller Bürger.

Johnny forderte den Berater auf, zu gehen. Der Berater lehnte es ab, zu gehen, solange die Situation noch nicht bereinigt war. Johnny bereinigte die Situation, indem er den Berater zur Tür hinauswarf.

Einem Bürger Gewalt anzudrohen ist schlimm; tatsächlich ausgeführte Gewalt ist etwas noch viel Furchtbareres. Der schockierte Berater rappelte sich vom Fußboden hoch und erklärte Johnny, daß er bis zur Klärung des Falles unter Arrest stehe.

»Mich stellt hier niemand unter Arrest«, antwortete Johnny.

»Machen Sie es sich nicht unnötig schwer«, sagte der Berater. »Der Arrest bringt keine weiteren Unannehmlichkeiten mit sich und ist von kurzer Dauer. Wir sind uns der kulturellen Unterschiede bewußt, die für diese Situation mitverantwortlich sind. Aber wir können keine unkontrollierte und unmotivierte Gewalt zulassen.«

»Wenn man mich in Ruhe läßt, bin ich ganz brav«, versprach Johnny. »In der Zwischenzeit sollten Sie es sich selbst auch nicht unnötig schwer machen und nicht versuchen, mich irgendwo einzusperren.«

»Unsere Regeln sind für einen Fall wie diesen völlig eindeutig«, erklärte ihm der Berater. »Ein Monitor wird bald hier sein, und ich rate Ihnen dringend, ihm ruhig zu folgen.«

»Ihr wollt also wirklich Ärger haben«, stellte Johnny fest. »Okay, Baby, tu du das, was du tun mußt, und ich tu, was ich tun muß.«

Der Berater ging. Johnny brütete wieder vor sich hin und trank. Ein Monitor kam. Als offizieller Vertreter des Gesetzes erwartete der Monitor, daß Johnny freiwillig mit ihm kommen würde. Er war völlig überrascht, als Johnny das ablehnte. Niemand lehnte so etwas ab! Er ging, um sich neue Anweisungen zu holen.

Johnny trank weiter. Der Monitor kam eine Stunde später zurück und erklärte, daß er nun ermächtigt sei, Johnny falls nötig, auch mit Gewalt zum Mitkommen zu bewegen.

»Tatsächlich?« sagte Johnny.

»Sie können ganz sicher sein. Also zwingen Sie mich bitte nicht, Gewalt an . . .« Johnny streckte ihn mit einem harten linken Haken zu Boden, so daß der Monitor zu nichts gezwungen wurde.

Danach verließ Bezique etwas unsicher auf den Beinen sein Apartment. Er konnte sich denken, daß ein Angriff auf einen Monitor eine wirklich böse Sache war. Jetzt steckte er böse in der Tinte. Das beste war, er stieg in sein Schiff und machte, daß er hier wegkam. Klar, sie konnten ihn am Start hindern oder vom Himmel schießen. Aber vielleicht war die Sache auch erledigt, wenn er erst wirklich an Bord war. Dann waren sie wahrscheinlich froh, ihn auf diesem Weg loszuwerden.

Bezique erreichte ohne aufgehalten zu werden sein Schiff. Er fand es von zwanzig Arbeitsrobotern umschwärmt, die von einem begeisterten jungen Techno-Forscher geführt wurden. Er erklärte dem Burschen, daß er sofort starten wolle. Der Junge entschuldigte sich vielmals, weil ein Start im Augenblick nicht möglich war. Der Hauptantrieb des Schiffes war gerade ausgebaut worden, um ihn zu säubern und zu modernisieren – ein Freundschaftsgeschenk des lorianischen Volkes.

»Geben Sie uns noch fünf Tage, und Sie fliegen das schnellste Schiff westlich des Orion.«

»Das nützt mir für den Moment verteufelt wenig«, antwortete Bezique ungehalten. »Sehen Sie, ich bin furchtbar in Eile. Wann schaffen Sie frühestens, meinen Kahn startklar zu bekommen?«

»Wenn ich rund um die Uhr arbeite und auf jede Mahlzeit verzichte, können wir in dreieinhalb Tagen fertig sein.«

»Das ist ja wunderbar«, brüllte Bezique. »Wer hat Ihnen überhaupt gesagt, daß Sie mein Schiff anrühren sollen?«

Der Techno entschuldigte sich nochmals. Das machte Bezique noch wütender. Ein weiterer Akt sinnloser Gewalt wurde nur durch die Ankunft von vier Monitoren verhindert.

Bezique schüttelte die Monitoren in einem Irrgarten gewundener Gassen ab, verlief sich völlig und fand sich schließlich in einem breiten Arkadengang wieder. Die Monitoren tauchten an dem einen Ende auf. Bezique rannte in die andere Richtung und fand den Weg von einer geschlossenen Tür blockiert.

Er befahl ihr, sich zu öffnen. Die Tür blieb zu – wahrscheinlich hatten es ihr die Monitoren vorsorglich befohlen. Rasend vor Wut wiederholte Bezique seinen Gedankenbefehl. Der mentale Befehl war so stark, daß die Tür zusammen mit allen anderen Türen in der Umgebung aufflog. Johnny schüttelte die Monitoren mit einem kleinen Spurt ab und gelangte auf einen stillen, moosbewachsenen Platz.

Er konnte nicht weiter einfach so durch die Gegend rennen. Er brauchte einen Plan. Aber was für einen Plan gab es für einen Erdenmann, der von einem ganzen Planeten voller Lorianer verfolgt wurde? Die Chancen standen zu schlecht, selbst für einen Conquistador-Typ wie Johnny.

Und dann kam Johnny, ganz alleine, auf eine Idee, die auch Cortez gekommen war und die Pizarro den Hals gerettet hatte. Er entschloß sich, den Herrscher dieses Planeten zu suchen, sich seiner zu bemächtigen und ihn mit dem Tode zu bedrohen, damit die Leute endlich zu Vernunft kamen und zuhörten, was Bezique ihnen zu sagen hatte.

Der Plan hatte nur einen kleinen Fehler. Die Lorianer hatten keinen Herrscher. Das war das Unmenschlichste an dieser ganzen Zivilisation.

Immerhin hatten sie ein oder zwei wichtige Amtsträger. Dieser Kerl namens Verhee, der dem Büro für Zukunftsprojektionen vorstand, schien auf Loris dem, was man einen wichtigen Mann nennen konnte, am nächsten zu kommen. Eine große Nummer wie dieser Verhee mußte natürlich bewacht sein. Aber auf einer so verrückten Welt wie Loris konnte man nicht einmal da sicher sein.

Ein freundlicher Eingeborener gab Bezique die genaue Adresse. Johnny kam bis auf vier Blocks an das Büro für Zukunftsprojektion heran, bevor er einer Patrouille von zwanzig Monitoren in die Arme lief.

Sie forderten ihn auf, sich zu ergeben. Aber sie schienen sich selbst bei der Sache nicht recht wohlzufühlen. Es kam Bezique vor, als wäre dies das erste Mal, daß sie wirklich jemanden verhaften mußten, auch wenn das ihr Job war. Sie waren in erster Linie friedliebende, rücksichtsvolle Bürger und nur an zweiter Stelle Polizisten.

»Wen wollt ihr denn festnehmen?« fragte Johnny sie.

»Einen Fremdweltler namens Johnny Bezique«, erklärte ihm der Anführer.

»Da bin ich aber froh«, antwortete Johnny. »Der Bursche handelt mir laufend die schlimmsten Belästigungen ein.«

»Aber sind Sie denn nicht . . .«

Johnny lachte. »Ob ich nicht der gefährliche Fremdweltler bin? Tut mir leid, daß ich euch enttäuschen muß, Bürger. Aber ich weiß, daß ich ihm leider *sehr ähnlich sehe.*«

Die Monitoren besprachen die Lage. Johnny meinte: »Schaut mal, Freunde, ich bin in dem Haus da hinten geboren. Ich kann sofort zwanzig Leute herholen, die meine Identität bezeugen können, darunter meine Frau mit vier Kindern. Braucht ihr noch mehr Beweise?«

Die Monitoren berieten sich weiter.

»Und abgesehen davon«, meinte Johnny, »glaubt ihr denn ehrlich, ich könnte dieser gefährliche, wildgewordene Fremde sein, wenn ihr mich mal in Ruhe anschaut? Ich finde, schon der erste Augenschein hätte euch sagen müssen . . .«

Die Monitoren entschuldigten sich. Johnny setzte seinen Weg fort, bis er einen Block vor dem Büro auf den nächsten Trupp von Monitoren stieß. Diesmal war Helmis, Johnnys ehemaliger Betreuer, bei ihnen.

Sie riefen ihm zu, aufzugeben.

»Dafür ist jetzt keine Zeit mehr«, antwortete Johnny. »Alle früheren Befehle gelten ab sofort als aufgehoben. Ich bin ab jetzt autorisiert, meine wahre Identität zu enthüllen.«

»Wir kennen deine wahre Identität«, rief Helmis zurück.

»Wenn ihr die kennen würdet, brauchte ich sie ja jetzt nicht zu enthüllen, oder? Also hört gefälligst genau zu. Ich bin ein Lorianer mit der höchsten Planer-Klassifikation. Vor Jahren erhielt ich ein spezielles Aggressionstraining für meine Geheimmission. Sie ist jetzt beendet. Ich bin zurückgekehrt – genau wie vom Büro geplant – und habe noch einige einfache Tests vorgenommen, die bestätigen, daß auf Loris noch immer alles so wie vor meinem Aufbruch ist, in psychologischer Hinsicht, meine ich. Ihr kennt die Resultate, die unter dem Aspekt unserer interstellaren Überlebenschancen leider nicht gut sind. Ich muß nun darüber und über die anderen Ergebnisse meiner Geheimmission dem Chefplaner des Büros für Zukunftsprojektion Bericht erstatten. Ohne ein Geheimnis zu verraten, darf ich euch schon jetzt sagen, daß unsere Lage ernst ist und nicht mehr viel Zeit bleibt.«

Die Monitoren waren völlig verwirrt. Sie baten Johnny um einen Beweis für seine Behauptungen.

»Ich habe euch bereits gesagt, daß die Sache dringend ist«, erwiderte er. »Nichts wäre mir lieber, als alles ordentlich bestätigen zu lassen, aber dafür ist keine Zeit mehr.«

Man konferierte wieder. »Sir, ohne entsprechende Befehle dürfen wir Sie nicht gehen lassen.«

»In diesem Fall tragen Sie die Verantwortung für die mögliche Vernichtung unseres Planeten.«

Ein höhergestellter Monitor fragte: »Sir, was für einen Rang haben Sie?«

»Er ist höher als ihrer«, antwortete Johnny prompt.

Der Offizier traf eine Entscheidung. »In diesem Fall, was sind Ihre Befehle, Sir?«

Johnny lächelte. »Bewahrt Ruhe. Beruhigt unsere Mitbürger. In den nächsten Stunden erhaltet ihr detaillierte Anweisungen.«

Bezique marschierte zuversichtlich weiter. Er erreichte das Tor des Büros und befahl ihm, sich zu öffnen. Es öffnete sich. Er wollte gerade hineingehen . . .

»Nehmen Sie die Hände hoch, und treten Sie von der Tür zurück!« befahl hinter ihm eine harte Stimme.

Bezique drehte sich um und erblickte eine Gruppe Monitoren. Es waren zehn, sie waren alle schwarz uniformiert und trugen schwere Waffen.

»Wir sind ermächtigt, auf Sie zu schießen, um Sie zu töten, falls es keinen anderen Weg geben sollte«, sagte einer von ihnen. »Sie brauchen keine Ihrer Lügen an uns auszuprobieren. Unser Befehl lautet, alles zu ignorieren, was Sie sagen, und Sie festzunehmen.«

»Hat keinen Zweck, mit Ihnen vernünftig darüber zu reden, was?«

»Völlig zwecklos. Kommen Sie mit!«

»Wohin?«

»Wir haben eines unserer antiken Gefängnisse extra für Sie wieder in Betrieb genommen. Sie werden dort festgehalten werden, bei allem Komfort versteht sich. Ein Richter wird Ihren Fall prüfen. Ihre Fremdheit und Ihre niedrige Zivilisations- und Kulturstufe wird dabei berücksichtigt werden. Ohne Zweifel wird es damit enden, daß man gegen Sie eine ernsthafte Verwarnung ausspricht und Sie auffordert, Loris baldmöglichst zu verlassen.«

»Das klingt ja so schlimm nicht. Glauben Sie wirklich, daß ich mich darauf einlasse?«

»Das hat man mir versichert«, erklärte der Monitor. »Wir sind ein besonnenes, aber auch sehr mitfühlendes Volk. Ihr tapferer Widerstand war in der Tat einmalig und bewunderungswürdig.«

»Vielen Dank.«

»Aber jetzt ist alles vorbei. Kommen Sie nun friedlich mit uns?«

»Nein«, sagte Johnny.

»Ich fürchte, ich habe Sie nicht verstanden.«

»Es gibt eine Menge, was Sie an mir und uns Terranern nicht verstehen. Ich werde jetzt durch diese Tür gehen.«

»Wenn Sie das versuchen, schießen wir.«

Es gibt einen unfehlbaren Weg, den wahren Conquistador zu erkennen, den geborenen Berserker, den echten, niemals erwachsen werdenden Kamikaze oder Kreuzfahrer. Man braucht ihn nur in einer unmöglichen Situation mit gewöhnlichen Menschen zu vergleichen. Normale Menschen neigen in einer ausweglosen Situation dazu, einen Kompromiß zu suchen, den Kampf auf eine bessere Stunde zu verschieben. Aber nicht unsere Pizarros oder Gottfried von Buillons oder Dschingis Kahns oder Johnny Beziques. Ihnen ist eine besondere Dummheit mit in die Wiege gelegt oder ein besonderer Mut oder beides.

»Alles klar«, sagte Bezique. »Dann schießt und schert euch zum Teufel!«

Johnny ging durch die Tür. Die Spezial-Monitoren schossen nicht. Er konnte sie hinter sich diskutieren hören, während er durch den Korridor des Büros für Zukunftsprojektion ging.

Bald stand er Verhee, dem Chefplaner, unter vier Augen gegenüber. Verhee entpupte sich als ruhiger kleiner Mann mit einem koboldhaften Lächeln.

»Hallo«, begrüßte ihn der Chefplaner. »Nehmen Sie Platz. Ich habe soeben die Projektion Erde gegen Loris fertiggestellt.«

»Darauf kann ich verzichten«, erwiderte Johnny. »Ich habe nur ein oder zwei sehr einfache Fragen zu stellen. Außerdem habe ich einige kleine Wünsche, gegen die Sie sicher nichts einzuwenden haben, wie ich überzeugt bin. Sollten Sie aber doch etwas dagegen . . .«

»Ich glaube, meine Prognose wird Sie trotzdem sehr interessieren«, beharrte Verhee freundlich. »Wir haben Ihre rassischen Charakteristika extrapoliert und mit den unseren verglichen. Es sieht alles danach aus, daß es zwischen unseren beiden Völkern einen Konflikt über die Frage der Vorherrschaft im Raum geben wird. Nicht von uns ausgehend, aber mit Bestimmtheit von Terra. Ihr Terraner werdet einfach keine Ruhe lassen, bis entweder ihr uns oder wir euch unterworfen haben. Die Situation ist unausweichlich, zieht man ihren niedrigen Zivilisationsstand in Betracht.«

»Um das herauszubekommen, brauche ich kein Büro und keine komischen Zukunftsplanungschefs«, knurrte Johnny. »Sagen Sie mir also . . .«

»Ich bin noch nicht ferig«, fuhr der kleine Mann fort. »Rein aus technologischer Sicht habt ihr Terraner gegen uns keine Chance. Wir können mit allem fertigwerden, was ihr an Waffen und Raumschiffen gegen uns mobilisiert.«

»Na fein. Dann braucht ihr euch ja keine Sorgen zu machen.«

»Die Technologie hat aber eine weit geringere Bedeutung als der psychologische Faktor dieser Auseinandersetzung. Ihr Terraner seit weit genug entwickelt, um euch nicht direkt in einen wilden Krieg gegen uns zu stürzen. Es wird Konferenzen geben, Verträge, Vertragsbrüche, neue Verhandlungen, Aggressionen, Entschuldigungen, Friedensabkommen, Waffenstillstände, Präventivschläge und ähnliches mehr. Wir können nicht so tun, als existiertet ihr nicht, und wir können auch nicht ablehnen, mit euch bei der Suche nach einer vernünftigen und für beide Seiten befriedigenden Lösung zu kooperieren. Das wäre uns einfach unmöglich, genauso wie es euch unmöglich wäre, uns einfach in Ruhe zu lassen. Wir sind ein ehrliches, geradlinig denkendes, vernünftiges, berechenbares und vertrauensvolles Volk. Ihr seid eine aggressive, unausgeglichene Rasse mit unkalkulierbaren Fähigkeiten und einer erstaunlichen Verschlagenheit. Es ist unwahrscheinlich, daß ihr uns einen klaren, eindeutigen Grund liefert, euch zu vernichten. Können wir uns auf keinen solchen Grund stützen und bleiben alle anderen Faktoren konstant, könnt ihr sicher sein, uns zu unterwerfen, und wir können sicher sein, daß wir psychologisch unfähig sind, euch daran zu hindern, diesen Krieg zu gewinnen, den ihr wahrscheinlich niemals offiziell erklären werdet. Um es in euren Begriffen auszudrücken, wir haben es mit dem Fall zu tun, daß eine extrem appolonische Kultur auf eine extrem dionysische trifft.«

»Teufel auch«, meinte Johnny. »Das ist ein hübscher Brocken Probleme. Ich bin sicher nicht der geeignete Mann, euch da einen Rat zu erteilen. Aber wenn ihr mich fragt, würde ich sagen, wo ihr das alles doch so gut erkannt habt, warum paßt ihr euch nicht der Situation entsprechend an? Werdet das, was ihr sein müßt, um mit Terra fertigzuwerden.«

»Wie Sie sich angepaßt haben?« fragte Verhee.

»Okay, geschenkt. Ich habe mich nicht anpassen können. Aber ich habe auch nicht die Intelligenz eines Lorianers.«

»Das hat mit Intelligenz nicht das geringste zu tun«, versicherte der Chefplaner. »Man verändert seine Kultur nicht nach freiem Willen. Und davon einmal abgesehen, selbst wenn wir uns entsprechend ändern könnten? Wir müßten wie Sie werden. Offen gesagt, das würde uns gar nicht gefallen.«

»Das kann ich euch nicht verübeln«, erklärte Johnny überzeugt.

»Und selbst wenn wir das Wunder tatsächlich vollbrächten, uns aggressiver zu machen, wir könnten niemals in ein paar Jahren den Stand von Agressivität erreichen, den Ihre Rasse sich in Jahrtausenden aggressiver Entwicklung zugelegt hat. Trotz unserer überlegenen Waffen würden wir aller Wahrscheinlichkeit nach verlieren, wenn wir versuchten, das Spiel nach eueren Regeln zu spielen. Ihr habt die bessere Übung.«

Johnny kratzte sich inter dem Ohr. Er hatte ähnliche Überlegungen angestellt. Die Lorianer waren einfach zu vertrauensvoll und zu ehrlich. Es würde keine Schwierigkeiten bereiten, eine Art Nichtangriffsabkommen zu schließen und danach in einer überraschenden Kommandoaktion eines der lorianischen Superschiffe in die Hand zu bekommen. Vielleicht auch zwei oder drei Schiffe. Und dann . . .

»Ich sehe, daß Sie zu den gleichen Schlußfolgerungen gekommen sind«, bemerkte Verhee.

»Ich fürchte, Sie haben in allen Punkten recht«, antwortete Johnny. »Der entscheidende Faktor ist, daß wir einen vielfach stärkeren Siegeswillen haben als ihr. Wenn man es genau betrachtet, dann wollt ihr Lorianer gar nicht unbedingt gewinnen, nicht um jeden Preis jedenfalls. Für euch gibt es viele Dinge, die wichtiger sind, euere Selbstachtung zum Beispiel. Ihr seid nette Leute, und ihr haltet euch bei allen Spielen an die Regeln, selbst wenn es um Leben und Tod geht. Aber wir Terraner sind keine netten Leute, und wir werden vor nichts zurückschrecken, bis wir gewonnen haben.«

»So sieht die Prognose meines Büros aus«, bestätigte Verhee. »Also haben wir uns gedacht, daß es nur vernünftig wäre, und uns jede Menge Zeit und Ärger erspart, wenn wir Ihnen jetzt die Befehlsgewalt übertragen.«

»Wie war das?«

»Wir möchten, daß Sie unser Herrscher werden.«

»Ich, persönlich?«

»Ja, Sie persönlich.«

»Sie wollen mich auf den Arm nehmen«, sagte Johnny.

»Es gibt keinerlei Anlaß für Scherze«, sagte Verhee. »Und wir Lorianer lügen nicht. Ich habe Ihnen die Extrapolation unserer derzeitigen Lage erklärt. Es ist nur vernünftig, wenn wir uns eine Menge vermeidbarer Schmerzen und Mühen ersparen, indem wir das Unausweichliche sofort akzeptieren. Werden Sie uns führen?«

»Das ist wirklich ein nettes Angebot, wissen Sie«, meinte Johnny fast verlegen. »Ich bin eigentlich kaum für einen solchen Posten qualifiziert . . . Aber zum Teufel, einen qualifizierteren haben Sie hier nirgendwo. Klar, ich ubernehme eueren Planet. Ich werde saubere Arbeit für euch liefern, denn ich mag euch Lorianer irgendwie wirklich.«

»Vielen Dank«, sagte Verhee. »Sie werden feststellen, daß wir leicht zu regieren sind, solange Ihre Befehle unsere psychologischen Möglichkeiten nicht überschreiten.«

»Machen Sie sich da keine Sorgen«, beruhigte Johnny.

»Alles kann so weiterlaufen wie bisher. Offen gesagt, es gibt hier in Ihrer Kultur nichts, was ich verbessern könnte. Ich werde gute Arbeit für Ihr Volk leisten, solange es mit mir kooperiert.«

»Wir werden kooperieren«, verprach Verhee. »Aber Ihr eigenes Volk könnte sich als weniger an Zusammenarbeit interessiert erweisen. Auf Terra wird man vielleicht nicht mit Ihrer Rolle einverstanden sein und ablehnen, die Situation zu akzeptieren.«

»Das ist die Untertreibung des Jahrhunderts«, rief Johnny. »Diese Sache wird der Regierung Terras das größte Kopfzerbrechen der bekannten Geschichte bereiten. Sie werden Himmel und Hölle aufbieten, mich abzusetzen und ihre eigenen Jungs hier ans Ruder zu bringen. Aber ihr Lorianer werdet fest hinter mir stehen, oder?«

»Sie wissen, wie wir sind. Wir werden nicht für Sie kämpfen, weil wir auch nicht für uns selbst kämpfen würden. Wir werden jedem gehorchen, der uns tatsächlich in der Gewalt hat.«

»Ich würde sagen, mehr darf ich nicht erwarten«, meinte Bezique. »Aber es gibt dann doch eine Reihe von Problemen, bevor ich euch mit Erfolg verteidigen und beherrschen kann. Das Beste ist deshalb, wenn ich mir ein paar harte Burschen suche, die mir helfen können, eine schlagkräftige Organisation aufbaue, dazu eine einflußreiche Lobby auf Terra, dann die eine Gruppe gegen die andere ausspiele . . .«

Johnny unterbrach sich. Verhee wartete. Nach einer Weile erklärte Johnny. »Ich habe etwas übersehen. Ich bin meiner Logik nicht weit genug gefolgt. Die ganze Sache ist ja noch viel weitreichender, als ich dachte.«

»Ich kann Ihnen da leider nicht helfen«, sagte der Chefplaner. »Solche Überlegungen sind für einen Lorianer zu viel.«

»Na gut, dafür habt ihr ja jetzt auch mich.« Johnny runzelte die Stirn und rieb sich die Augen. Er kratzte sich hinter dem anderen Ohr. Dann sagte er: »Klarer Fall. Liegt völlig auf der Hand, was ich zu tun habe. Sie wissen, was ich meine?«

»Ich nehme an, es gibt eine ganze Reihe vielversprechender Strategien.«

»Es gibt nur eine einzige«, sagte Johnny. »Früher oder später muß ich die Erde erobern. Entweder erobere ich sie, oder sie erobert mich. Uns, meine ich natürlich. Ist Ihnen das klar?«

»Es scheint eine Hypothese von höchster Wahrscheinlichkeit zu sein.«

»Es ist Gottes eigene Wahrheit, Mann. Ich oder die. Es gibt immer nur genug Platz für eine Nummer Eins.«

Der Planer äußerte sich dazu nicht. Johnny fuhr fort: »Ich habe nie von so etwas zu träumen gewagt. Vom Raumschiffpiloten in weniger als zwei Wochen zum Imperator eines hochentwickelten fremden Planeten. Und jetzt mache ich mich schon daran, die alte Erde zu erobern, das ist schon ein wahnsinniges Gefühl. Nun, es wird das beste für die Jungs zu Hause sein. Wir werden diesen Affen eine echte Zivilisation bringen und sie lehren, wie die Sache wirklich laufen muß. Eines Tages wird man uns dafür dankbar sein.«

»Haben Sie irgendwelche Befehle für mich?« fragte Verhee.

»Ich will alle verfügbaren Daten über die Raumflotte der Alten Dynastie einsehen. Aber zunächst, glaube ich, wäre eine Krönungszeremonie angebracht. Oder nein, erst ein Referendum, das mich zum Imperator wählt, und dann die Krönung. Können Sie das alles arrangieren?«

»Ich werde sofort beginnen«, sagte der Chefplaner.

Für die Erde wurde der Alptraum Nummer Eins schließlich zur Wirklichkeit. Eine hochentwickelte fremde Zivilisation schickte sich an, der Erde die fremde Kultur durch Eroberung aufzuzwingen. Für Loris sah die Sache anders aus. Die Lorianer, eben noch praktisch schutzlos, hatten sich einen aggressiven fremdweltlerischen General besorgt und würden bald eine Söldnertruppe haben, die die lorianische Raumflotte führte. Das alles war nicht gut für die Erde, aber nicht schlecht für Loris.

Es war eine unausweichliche Entwicklung. Denn die Lorianer waren ein wirklich hochentwickeltes und intelligentes Volk. Und worin anders liegt das Wesen wahrer Intelligenz, wenn nicht darin, daß man die echte Substanz dessen, was man haben will, nicht mit dem Schatten verwechselt

Der größte Western aller Zeiten

Washburn ist mein Name. Für meine Freunde einfach nur Washburn, Mister Washburn für Fremde und Feinde. Damit habe ich schon alles gesagt, denn Sie haben mich schon tausendmal gesehen, auf der großen Leinwand des nächsten Kinos oder auf dem kleinen Bildschirm Ihres TV-Gerätes im Wohnzimmer. Ich reite durch Cholla-Kakteen und kurzes Gras, meine berühmte Melone tief in der Stirn und meinen berühmten .44 Colt ans rechte Bein geschnürt. Aber im Augenblick habe ich keinen Sattel unter dem Hintern, sondern die bequemen Polster eines vollklimatisierten Luxus-Cadillac, und neben mir sitzen mein Manager Gordon Simms und meine Frau Consuela. Wir sind gerade von der Highway 101 abgebogen und holpern über eine staubige Nebenstraße, die an der Wells Fargo Station endet, der Wells Fargo Station, die einen der Eingänge zum Set bildet. Simms redet unaufhörlich und massiert mir dabei den Nacken, als sei ich ein Boxer, der gleich in den Ring steigen müsse. Das bin ich zwar nicht, aber meine Situation ist nicht viel anders. Consuela ist sehr still. Ihr Englisch ist nicht sehr gut. Sie ist das hübscheste kleine Ding, das man scih vorstellen kann, seit weniger als zwei Monaten mit mir verheiratet, eine ehemalige Miss Chile und Schauspielerin in einer Reihe von Gauchodramen, wie sie in Buenos Aires und Montevideo gedreht werden. Die ganze Szene im Wagen ist nicht für die Kamera bestimmt. Es ist der Teil, den sie dir nie zeigen: die Rückkehr des berühmten Revolverhelden, den ganzen Weg vom Bel Aire des gelobten Jahres 2031 in den Wilden Westen um 1850.

Simms brabbelt atemlos von einer Investment-Geschichte, an der ich mich unbedingt beteiligen soll, irgend etwas mit Unterwasserminen im Pazifik, wieder einer von Simms' Kapitalverdopplungsplänen, dabei ist er bereits ein reicher Mann. Kein Wunder, erhält er doch 30% von meiner Gage, und die reichte in meinen letzten zehn Jahren als Westernstar, ihn zum Millionär zu machen. Simms ist auch mein Freund, aber ich habe jetzt einfach andere Dinge im Kopf als Investmentfonds. Wir nähern uns dem Set.

Consuela bekommt eine Gänsehaut, als die berühmte, halbverfallene Postkutschenstation vor uns auftauchte. Sie hat den *Großen Western* nie richtig verstanden. In Südamerika drehen sie ihre Filme noch auf die altmodische Art, alles Kulisse, alles aufgeschminkt und die Pistolen schießen nur Platzpatronen. Sie kann nicht begreifen, warum Amerikas *Großer Western* real sein muß, wenn man den gleichen optischen Effekt auch bekommt, ohne irgend jemand dabei wirklich abknallen zu müssen. Ich habe versucht, es ihr zu erklären, aber es klang auf Spanisch einfach lächerlich.

Natürlich ist es diesmal anders für mich. Ich hatte mich eigentlich schon vom Geschäft zurückgezogen und bin nur für einen einmaligen Sonderauftritt zurückgekommen. Ich habe einen ›No-Kill‹-Vertrag – berühmter Revolverheld in komischen Rollen mit Old Jeff Mangles und Natchez Parker. Es gibt kein Skript, natürlich nicht, das hat es im *Großen Western* nie gegeben. Wir improvisieren, was sich gerade so aus der Situation ergibt – wir sind die Comedia dell'arte – Spieler des Wilden Westen. Consuela begreift nichts davon. Sie hat von Tötungs-Verträgen gehört, aber einen ›No-Kill‹-Vertrag will sie nicht verstehen.

Und dann sind wir da.

Der Wagen hält vor einem niedrigen Holzbau aus rohen Fichtenstämmen. Auf dieser Seite hier ist alles

Amerika des 21. Jahrhunderts mit all seinem recyclten und artifiziellen Komfort. Auf der anderen Seite erstrekken sich die weiten Prärien, Berge und Wüsten des alten Westen mit ihren tausenden in jedem Kaktus verborgenen Kameras und Mikrophonen, die den Set für den *Großen Western* abgeben.

Ich trage schon mein Kostüm – Bluejeans, blauweiß kariertes Hemd, Melone, Lederjacke und 3,2 Pfund Revolver. Auf der anderen Seite der Station wartet bereits mein Pferd auf mich, mit allem für das Leben im Set Notwendigen in den Satteltaschen. Ein Aufnahmeassistent checkt mich kurz durch und findet alles in Ordnung, keine Armbanduhr oder andere Anachronismen, die dem Kameraauge peinlich werden könnten. »Alles klar, Mister Washburn«, sagte er, »Sie können rein, wann immer Sie anfangen wollen.«

Simms verpaßt seinem größten Fisch einen letzten freundlichen Schulterklaps. Er springt auf und ab, ist aufgeregt, beneidet mich, möchte am liebsten selbst hinaus in die Wüste reiten. Aber Simms ist klein und fett und fast kahl. Er kann nie der große Mann mit den langsamen Gesten und der freundlichen Stimme sein, der den plötzlichen Tod immer dicht neben der rechten Hand trägt. Ich bin Simms Männlichkeit, er und ich, wir sind viele Male gemeinsam den Todestrail geritten, und unser guter .44 hatte alle Gegner aus dem Weg geräumt, bis wir der ungekrönte König des Westens waren, der Meisterschütze, der absolut beste Revolvermann, der sich auf dem Höhepunkt seines Ruhmes zu Ruhe setzte, als jeder Gegner tot oder kampfesmüde war . . . Armer Simms, er hat immer davon geträumt, daß wir eine letzte große Szene hätten, einen starken Abgang auf einer staubigen Main Street dem letzten Duell entgegen. Er wollte für uns, daß wir unsere Karriere mit einem dramatischen Kampf beendeten, in Höchstform, ungeschlagen und ruhmvoll, statt uns schlicht aus dem Geschäft zurückzuziehen, weil wir genug Geld verdient hatten und im letzten Jahr im ganzen Territorium niemand mehr zu finden war, der gegen uns antreten wollte. Ich hätte mir selbst einen anderen Abgang gewünscht, aber die Gegner waren zu vorsichtig geworden. Es schoß sich einfach keiner mehr mit mir. Und die Abschiedsvorstellung, für die ich den letzten Vertrag unterschrieben hatte – für Simms war das der pure Hohn auf alles, für das wir als Held gestanden hatten, und ich glaube, mir kommt es nicht viel anders vor. (Es ist schwierig, in diesen Dingen zu sagen, wo ich anfange und wo Simms aufhört, schwierig zu unterscheiden zwischen dem, was ich will, und dem, was Simms will, schwierig anzuerkennen, daß dies nun das Ende unserer großen Jahre im Film sein soll.)

Simms schüttelt mir die Hand und legt mir den Arm um die Schulter und sagt nichts, alles in dem männlichen Western-Stil, den er sich in den Jahren mit mir angewöhnt hat, als er zu allem wurde, was ich auch bin. Consuela umarmt mich, sie hat Tränen in den Augen, sie küßt mich, sie sagt, ich solle bald zurückkommen. Ach, diese unvergleichlichen ersten Monate mit einer neuen Frau! Diese wunderbare Zeit, bevor das Elend der Alltäglichkeit uns wieder einholt! Consuela ist Nummer Vier. Ich bin schon viele Trails abgeritten, und meistens immer wieder dieselben, und jetzt sieht der Aufnahmeassistent noch einmal nach, ob nicht irgendwelche Lippenstiftspuren zurückgeblieben sind, nickt sein OK, und ich wende mich ab von Consuela und Simms, winkte ihnen noch über die Schulter mit den zum Gruß erhobenen zwei Fingern, für diese Geste bin ich berühmt, und dann schreite ich über den quietschenden Holzflur der Station hinaus auf die andere Seite, hinein in den glühenden Sonnenschein und die Welt des *Großen Western*.

*

Totale. Die Kamera fängt einen einsamen Reiter ein, der noch in weiter Ferne wie eine Ameise zwischen den brillant scharfen Felsen des Canyons herankommt. Dann sehen wir ihn in einer raschen Folge wechselnder Einstellungen in dem sonnendurchglühten Panorama der Wüste. Bald sitzt der einsame Mann am abendlichen Lagerfeuer, eine dunkle Silhouette gegen den roten Himmel, die Melone in den Nacken geschoben. Eine Nahaufnahme seines Gesichtes, während er aus seinem Blechnapf den Kaffee schlürft. Jetzt schläft er in seine Decke gewickelt, während das Feuer in der Dunkelheit verglüht. Noch vor Sonnenaufgang ist der Reiter wieder auf den Beinen, kocht einen Morgenkaffee, rollt seine Decke zusammen und sattelt sein Pferd. Die Sonne findet ihn schon unteregs, die Zügel locker in der Hand, das Pferd frei den Weg durch die Felsen suchen lassend.

Ich bin genauso das Publikum, das dem Schauspieler zusieht, wie auch der Schauspieler, der mich as sein Publikum beobachtet. Ein Kindertraum ist Wirklichkeit geworden: sich selbst zuzusehen, während man eine Rolle in seinem eigenen Spiel spielt. Ich weiß, daß wir nie aufhören zu schauspielern und nie aufhören, uns bei unserer Schauspielerei zu beobachten. Es ist kaum mehr als eine Ironie des Schicksal, daß in meinem Fall jenes heroische Bild, das ich selbst von mir sehe, mit dem übereinstimmt, das Sie auf Ihrem Bildschirm sehen.

Nun hat der Reiter einen hochgelegenen Paßweg erreicht. Es ist kalt hier oben, und ein scharfer Wind bläst ihm entgegen. Er hat den langen Staubmantel übergeworden, den Kragen hochgeschlagen und die Melone mit einem Wollschal festgebunden. Wir blicken dem Mann über die Schulter hinab in das Tal vor ihm, und dort sehen wir eine kleine Siedlung, fern und verloren in der Weite des Landes. Wir folgen dem Reiter, der hin und wieder sein müdes Pferd tätschelt, auf seinem Weg zu dieser Siedlung.

*

Der Reiter mit der Melone zieht in die kleine Stadt Comanche ein. Es gibt nur eine Straße – Main Street – mit ihrem Saloon, dem Gästehaus, dem Mietstall, dem Schmied und dem General Store, alles so echt und detailgetreu wie eine Daguerreotypie aus dem Bürgerkrieg. Der Wüstenwind bläst unablässig durch die Stadt, und alles ist mit feinem weißem Sand bedeckt.

Man erkennt den Reiter. Die Leute vor dem General Store rufen: »He, da kommt Washburn!«

Ich steige mit steifen Knochen vor dem Mietstall ab – ein hochgewachsener, vom Ritt gezeichneter Mann, der Revolvergürtel tiefsitzend und der abgewetzte, hornplattierte Coltgriff gut zu sehen und schnell zu packen. Ich wende mich ab und reibe mir das Gesicht – das berühmte, traurige, lange Gesicht mit der tiefen Narbe auf der rechten Wange und den engen, niemals blinzelnden grauen Augen. Es ist das Gesicht eines harten, gefährlichen und berechenbaren Mannes, der trotzdem irgendwie sympathisch wirkt. Das bin ich, während ich euch zusehe, wie ihr mir zuseht.

Ich komme wieder aus dem Mietstall heraus, und davor erwartet mich Sheriff Ben Watson, ein alter Freund, hartes gebräuntes Gesicht mit einem traurigen schwarzen Schnauzbart, den schimmernden Blechstern auf der speckigen Weste.

»Hab' gehört, daß du bei uns durchkommst«, sagt Watson. »Hab' gehört, du warst in Kalifornien.«

›Kalifornien‹ ist unser Codewort für den Rückzug aus dem Geschäft.

»So war es«, antworte ich Watson. »Und was ist bei dir hier los?«

»Es geht so«, erzählt mir Watson. »Ich nehme an, du hast noch nicht von Old Jeff Mangles gehört?«

Ich warte. Der Sheriff sagt: »Ist gerade erst gestern pasiert. Olf Jeff fiel vom Pferd, draußen in der Wüste. Das Vieh muß vor einer Klapperschlange gescheut haben oder so was – Gott weiß wie oft habe ich ihm gesagt, er soll diesen störrischen Klepper verkaufen. Aber du kanntest ja Old Jeff . . .«

»Was ist ihm passiert?« frage ich.

»Ja also, wie ich schon erzählt habe, er fiel vom Pferd, blieb aber im Steigbügel hängen und wurde noch ein gutes Stück mitgeschleift. Er war schon tot, als Jimmy Conners ihn fand.«

Langes Schweigen. Ich schiebe die Melone zurück in den Nacken. Schließlich sage ich: »Okay, Ben, was wolltest du mir sonst noch erzählen?«

Der Sheriff fühlt sich nicht wohl in seiner Haut. Er tritt von einem Fuß auf den anderen. Ich warte. Jeff Mangles tot, damit sind die Szenen, für die ich unterschrieben habe, zum Teufel. Was wird es jetzt statt dessen geben?

Watson sagt: »Du mußt verdammten Durst haben. Was hältst du von einem Bier . . .«

»Sag mir einfach, was los ist.«

»Hmm . . . Hast du von diesem Viehtreiber aus Texas gehört, der Little Joe Potter heißt?«

Ich schüttle den Kopf.

»Er kam hier vor einer Weile vorbei. Hat einen ziemlichen Ruf als schneller Schütze. Hast du nichts von der Schießerei in Twin Peaks gehört?«

Als er das jetzt erwähnt, fällt mir ein, daß ich doch irgendwas gehört habe. Aber ich war draußen in Kalifornien und hatte andere Dinge im Kopf, und Schießereien interessierten mich da viel weniger als hier in Comanche.

»Dieser Little Joe Potter«, fährt Watson fort, »er hat da gegen vier Jungs von der X-Bar-Ranch gezogen. Ging um eine Weibergeschichte. Sie erzählen, daß es eine heiße Sache war. Am Ende hatte Little Joe alle vier Jungs von der X-Bar erledigt, und damit hat er sich ganz schön einen Namen gemacht.«

»Und?« frage ich.

»Ja also, einige Zeit später hat Little Joe mit einigen Jungs von Gila Bend gepokert . . .« Watson hielt unsicher inne. »Weißt du, Washburn, du läßt dir die Geschichte besser von Charlie Gibbs erzählen, der hat mit einem gesprochen, der selbst bei dem Spiel dabei war. Yeah, das erzählt dir besser Charlie. Bis nachher, Washburn.«

Der Sheriff geht weg und hält sich damit an die gute alte Filmregel, die Dialoge kurz zu halten und die Szene abwechslungsreich zu gestalten. Andere wollen auch ihre Action haben.

Ich gehe in den Saloon. Jemand folgt mir, ein junger Bursche, kaum älter als achtzehn oder neunzehn, ein stupsnasiger, sommersprossiger Jüngling in einem zu kurzen Overall und zerlöcherten Stiefeln. Er trägt einen Revolver. Was will er von mir? Was jeder andere auch will, nehme ich an.

Ich betrete den Saloon, meine Sporen klirren über die Holzdielen. Charlie Gibbs sitzt an der Theke und trinkt Bier, ein fetter vergnügt dreinblickender Mann, der meist grinst oder kichert und keine Waffe trägt, denn Charlie

Gibbs ist eine komische Rolle und schießt deshalb auf niemanden, und niemand schießt auf ihn. Charlie ist auch unser örtlicher Vertrauensmann von der Schaupsieler-Gewerkschaft.

Ich kaufe ihm einen Drink und frage ihn nach Little Joe Potters berühmtem Pokerspiel.

»Texas Jim Claire hat mir die Sache erzählt. Du erinnerst dich doch an Texas Jim, Washburn? Das ist der ehemalige Vormann vom alten Maccinley, der drei Jahre mit General Lee geritten ist. Also Texas Jim saß mit an dem Pokertisch, und die Einsätze standen schon verdammt hoch. Es lag ein verdammter Haufen Geld in der Mitte, und da setzte Doc Dailey tausend Dollar auf sein Blatt. Alle stiegen aus bis auf Little Joe Potter, der offenbar von seinen Karten ganz fest überzeugt war. Aber Little Joe war blank. Da bot ihm der Doc an, es brauche nichts Bares zu sein. Little Joe überlegte einen Augenblick und sagte dann laut und deutlich: »Wieviel würden Sie mir für Mr. Wahsburns Melone geben?« Es wurde erst mal ganz still, denn keiner geht einfach her und nimmt Mr. Washburn die Melone weg, nicht bevor er den Mann unter dem Hut erledigt hat. Aber auf der anderen Seite war Little Joe kein Schwätzer, und er hatte bei der X-Bar-Schießerei eine verdammt gute Figur gemacht. Der Doc ließ sich die Sache also durch den Kopf gehen und antwortete dann: »Gut, Joe, du kannst tausend auf Washburns Melone setzen, und ich verspreche dir noch tausend von mir dazu, damit ich in der ersten Reihe sitzen darf, wenn du versuchst, dir den Hut zu holen.« »Den Logenplatz kannst du umsonst haben«, sagte Little Joe, »wenn ich mit diesem Blatt verliere, was nicht passieren wird.« Die Sache war also angenommen, und sie deckten auf. Little Joes vier Achten verloren gegen Doc Daileys vier Damen. Little Joe steht auf, streckt sich und sagt: »Na, Doc, sieht aus, als kriegen Sie den Logenplatz auch noch dazu.«

Charlie kippt seinen Drink und sieht mich mit strahlenden, boshaften Augen an. Ich nicke, trinke selber aus und gehe nach draußen in den Anbau vom Saloon.

Der Anbau ist als spezielle Nicht-Kamera-Zone eingerichtet. Wir verwenden ihn für die Gespräche, die unbedingt nötig sind, aber nicht in den Western-Kontext passen. Charlie Gibbs kommt mir ein paar Minuten später nach. Er stellt den versteckten Ventilator an, nimmt eine Packung Zigaretten aus einem Wandschrank, steckt sich eine an, setzt sich und macht es sich bequem. Als Gewerkschaftsvertreter verbringt Charlie hier einen guten Teil seiner Zeit, um sich die Sorgen und Nöte seiner Kollegen anzuhören. Dies ist sein Büro, und er versucht es sich hier so gemütlich wie möglich zu machen.

Charlie sagt: »Ich nehme an, du willst wissen, was los ist?«

»Das ist verdammt richtig«, bestätige ich scharf. »Was soll dieses Gerede über Joe Potter, der mir meinen Hut wegnehmen will?«

»Reg dich nicht auf«, sagt Charlie. »Alles ist in Ordnung. Potter ist ein neuer Star, auf dem Weg nach oben. Nach dem Unfall von Jeff Mangles war es naheliegend, euch gegeneinander aufzustellen. Potter erklärte sich gleich einverstanden. Dein Agent ist gestern angesprochen worden und hat deinen Vertrag entsprechend geändert. Du kriegst einen verteufelt fetten Extrabonus für dieses Duell.«

»Simms hat meinen Vertrag geändert? Ohne mich vorher zu fragen?«

»Du warst ja nicht zu erreichen. Simms sagte, du wärst da voll mit einverstanden. Er hätte viele Male mit dir über so etwas gesprochen, und es wäre immer dein Wille gewesen, den Film auf der Höhe des Ruhmes mit einem letzten Top-Duell zu verlassen. Er sagte, er brauche nicht extra mit dir darüber zu reden, denn ihr beide hättet das schon hundertmal durchgesprochen und ihr wärt in diesen Dingen wie Brüder. Er sagte, er wäre froh, daß sich diese Chance doch noch ergeben hätte, und er wüßte, du fühltest da genauso.«

»Oh, Gott! Dieser schwachsinnige Simms!«

»Hat er dich reingeritten?«

»Nein, daß kann man so nicht sagen. Wir haben wirklich oft darüber gesprochen. Ich habe ihm gesagt, daß ich einen großen Abgang haben wollte . . .«

»Aber das war nur Gerede?« meint Charlie.

»Eigentlich nicht.« Aber es ist eine andere Sache, in der gemütlichen Ruhe und Sicherheit des eigenen Hauses in Bell Aire über das letzte Duell zu reden, als sich plötzlich und unvorbereitet einem mordlustigen Schießer gegenüberzusehen. »Simms hat mich nicht reingelegt, Charlie. Aber er hatte mich in eine Sache gezogen, die ich mir vorher lieber etwas überlegt hätte.«

»Die Situation ist also«, sagte Charlie, »daß du dumm genug warst, dein Maul über einen letzten Kampf aufzureißen, und Simms dumm genug war, dein Gerede für bare Münze zu nehmen.«

»So sieht es aus.«

»Was wirst du jetzt machen?«

»Ich verrate es dir«, sagte ich, »wenn ich jetzt mit meinem alten Kumpel Charlie rede und nicht mit dem Gewerkschaftsmann Gibbs.«

»Klar«, sagte Charlie.

»Ich mache, daß ich hier wieder raus komme«, sage ich, »und zwar sofort. Ich bin siebenunddreißig Jahre alt und habe seit einem Jahr nicht mehr mit dem Revolver geübt. Ich habe eine neue Frau . . .«

»Du brauchst mir nicht dein ganzes Leben zu erzählen«, unterbricht mich Gibbs. »Du hängst am Leben, das ist alles. Als dein Freund sehe ich die Sache genauso. Als dein Gewerkschaftsvertreter muß ich dir sagen, daß du von uns keinen Rechtsschutz und keine andere Unterstützung bekommen wirst, wenn du einen gültigen Vertrag brichst, den dein bevollmächtigter Agent legal abgeschlossen hat. Wenn der Produzent dich fertig machen will, mußt du das ganz alleine ausfechten.«

»Besser ganz allein als unter dem Rasen in guter Gesellschaft«, erzählte ich ihm. »Wie gut ist dieser Little Joe?«

»Er ist gut. Aber er ist nicht so gut wie du, Washburn. Du bist der beste, den ich je gesehen habe. Du denkst daran, ihn dir vorzunehmen?«

»Nichts da. Ich frage nur.«

»Laß es beim Fragen«, sagte Charlie. »Als dein Freund sage ich dir, verlasse den Set und bleib in Zukunft draußen. Du hast bereits alles, was dir der Film bieten kann. Du bist ein Held, du bist reich, und du hast eine schöne junge Frau. Du hast alles eingesteckt, was es hier zu holen gibt. Jetzt häng hier nicht rum und warte darauf, daß es dir jemand wieder abnimmt.«

»Das habe ich nicht vor«, erwiderte ich ihm. Aber meine Hand liegt, ohne daß ich es gemerkt habe, schon am Revolvergriff.

*

Ich gehe in den Saloon zurück. Ich sitze allein an einem Tisch, ein Wasserglas Whiskey vor mir, eine dünne mexikanische Zigarre zwischen den Lippen. Ich denke über die Situation nach. Little Joe kommt aus dem Süden hier heraufgeritten. Er wird sich wahrscheinlich denken können, daß er mich hier in Comanche finden kann. Aber ich habe nicht vor, hier zu bleiben. Der sicherste Weg für mich wäre es, wenn ich zu Wells Fargo Station zurückritt, den Weg, auf dem ich hergekommen bin, und von dort hinaus in die Welt zurück. Aber ich habe nicht vor, so zu verschwinden. Ich werde den Set in Brimstone verlassen in seiner äußersten nordöstlichen Ecke, um dorthin zu kommen, werde ich einmal quer durch das ganze Territorium reiten müssen. Da soll er erst einmal durchblicken . . .

Plötzlich fällt ein langer Schatten über den Tisch, eine Gestalt bewegt sich zwischen mich und das Licht, und ohne einen Gedanken zu verlieren, lasse ich mich vom Stuhl rollen, den Revolver schon schußbereit in der Hand. Eine hohe, ängstliche Jugenstimme ruft: »Oh! Entschuldigen Sie, Mr. Washburn!« Es ist dieser sommersprossige Grünschnabel, der mir schon vorhin nachgeschaut hat. Jetzt starrte er erschrocken auf den Lauf meines Revolvers, so erschrocken, wie einer aussehen muß, der mich aus meiner einjährigen Ruhe gerissen hat.

Ich nehme den Finger vom Abzug meines .44, stehe auf, stecke den Colt zurück, klopfe mir den Staub ab, hebe den Stuhl auf und setze mich wieder darauf. Ich sage zu dem Bürschchen: »Kid, hast du nie gelernt, daß man nie so plötzlich wie eben an einen Mann herangeht? Ich hätte dich rein aus Vorsicht voll Blei pumpen müssen . . .«

»Es tut mir leid, Mr. Washburn«, sagte er. »Ich bin neu hier draußen, ich habe nicht verstanden . . . Ich wollte Ihnen nur sagen, wie sehr ich Sie bewundere.«

Er ist neu, na gut! Er sieht aus, als habe er gerade erst die Große Western-Schule für Westmann-Darsteller verlassen, an der wir alle erst unser Diplom ablegen müssen, bevor man uns in den Set hinaus läßt. Ich war genauso grün, als ich meine ersten Wochen im *Großen Western* mitmachte.

»Eines Tages«, erzählt er mir, »werde ich wie Sie sein. Ich dachte, Sie könnten mir vielleicht ein paar Tips geben. Ich habe diesen alten Revolver hier . . .«

Das Bürschchen zieht, und ich reagiere wieder, ohne nachzudenken, schlage ihm die Waffe aus der Hand und versetze ihm mit der anderen Hand eins hinters Ohr, das ihn auf die Bretter schickt.

»Zum Teufel mit dir!« brülle ich. »Hast du kein Hirn mehr im Schädel? Du ziehst nie einen Revolver, wenn du ihn nicht auch benutzen willst, jedenfalls nicht so wie du gerade!«

»Ich wollte Ihnen doch nur meine Waffe zeigen«, sagt er und bleibt auf dem Boden sitzen.

»Wenn du jemandem deine Waffe geben willst«, erkläre ich ihm, »dann sage laut Bescheid, nimm sie ganz langsam am Griff aus dem Holster, mit zwei Fingern, die anderen abgespreizt. Und vorher fragst du noch mal nach, damit der andere dich nicht mißversteht.«

»Mr. Washburn«, sagt er, »ich weiß nicht, was ich sagen soll.«

»Dann halt den Mund«, rate ich ihm, »und verschwinde hier. Du scheinst mir kein Glück zu bringen. Geh und zeig jemand anderem deinen verdammten Revolver!«

»Soll ich ihn Joe Potter zeigen?« fragt er, steht auf und staubt sich ab.

Er sieht mich an. Ich habe kein Wort gesagt. Er schluckt, er weiß, daß er wieder voll reingetreten ist.

Ich stehe langsam auf. »Würdest du mir das bitte etwas genauer erklären?«

»Ich habe gar nichts damit gemeint.«

»Bist du sicher?«

»Ganz sicher, Mr. Washburn. Tut mir leid!«

»Verschwinde«, sage ich, und der Bursche rennt raus.

Ich gehe zur Theke hinüber. Curly, der Barmann, holt die Whiskeyflasche heraus, aber ich winke ab, und er zapft mir ein Bier. »Curly«, sage ich. »Ich weiß, daß sie nichts dafür können, jung zu sein, aber müssen sie sich auch noch so blöd dabei anstellen?«

»Eigentlich nicht, Mr. Washburn«, sagt Curly.

Wir sind für ein paar Augenblicke still. Dann sagt Curly: »Natchez Parker hat ausrichten lassen, daß er Sie gerne sehen würde.«

»All right«, erzähle ich ihm.

Schnitt. Dann eine Ranch am Rande der Wüste. In der Küche sitzt der chinesische Koch und schärft seine Messer. Neben ihm schält Bud Farrell, einer von Parkers ältesten Cowboys, Kartoffeln. Der Koch sieht an ihm vorbei aus dem Fenster und ruft: »'eiter kommt.«

Bud Farrell spingt auf und sieht selbst aus dem Fenster. »Das ist was anderes als boß ein *Reiter*, du heidnischer Chinesenjunge. Das ist *Mr. Washburn*, so sicher wie Gott die kleinen grünen Äpfel macht.«

Bud Farrell geht zur Tür und ruft ins Haus hinein: »Hey, Mr. Parker! Da kommt Mr. Washburn geritten.«

*

Washburn und Parker sitzen sich an einem kleinen hölzernen Tisch über dampfenden Kaffeetassen in Natchez Parkers Wohnzimmer gegenüber. Parker ist ein schwerer, schnauzbärtiger Mann, der in einem hölzernen Lehnstuhl sitzt, eine Indianerdecke über seinen gelähmten Beinen. Eine Kugel im Rückgrat hat ihn von der Hüfte abwärts zum Krüppel gemacht.

»So, Washburn«, sagt Parker, »ich habe von dir und

Little Joe Potter gehört, wie jeder andere auch im Territorium. Das muß eine heiße Sache werden. Wäre gerne dabei, wenn du ihn erwischst.«

Ich sage: »Da wär ich auch gern dabei.«

»Wo soll es stattfinden?«

»In der Hölle, denke ich mir.«

Parker beugt sich vor. »Was soll das heißen?«

»Es heißt, daß ich Little Joe nicht gegenübertreten werde. Ich reite nach Brimstone und von da direkt über die Berge, weg von Little Joe und dem ganzen verdammten Westen.«

Parker stützt sich auf den Tisch und fährt sich aufgeregt durch das graue Haar. Sein breites Gesicht zieht sich zusammen, als habe er in eine Zitrone gebissen.

»Du haust ab?« fragt er. »Du läufst weg vor ihm?«

»So ist es«, bestätigt Washburn.

Der alte Mann verzieht das Gesicht und spuckt auf den Boden. Er sagt: »Von allen Leuten hätte ich von dir am wenigsten gedacht, daß du sowas mal sagen würdest. Ich hätte nie geglaubt, daß du die Werte verrätst, für die du immer gekämpft hast.«

»Natchez, das waren nie meine eigenen Werte. Ich habe sie zusammen mit der Rolle fertig übernommen. Jetzt gebe ich die Rolle zurück, und die Werte gebe ich auch wieder ab.«

Der alte Mann hat eine Weile daran zu kauen. Dann meint er: »Was, zum Teufel, ist eigentlich mit dir los? Hast du plötzlich zu viel, was du nicht mehr vermissen kannst? Oder hast du bloß kalte Füße gekriegt?«

»Nenne es, wie du willst«, erzähle ich ihm. »Ich bin vorbeigekommen, es dir zu sagen. Das bin ich dir schuldig.«

»Na, das ist aber nett von dir«, sagt Parker. »Du bist mir etwas schuldig, und wo du sowieso hier vorbeireitest, da schaust du noch mal eben rein, weil du dir denkst, es wäre nett, mir selber zu erzählen, daß du vor einem kleinen Nachwuchs-Revolverhelden davonläufst, der gerade seinen ersten Kampf überlebt hat.«

»Laß es sein, Parker.«

»Tom«, sagt er. »Hör mich an.«

Ich hebe den Kopf. Parker ist der einzige Mann im Territorium, der mich beim Vornamen nennt, aber er tut es nur sehr selten.

»Sieh mal«, sagt er, »ich bin nicht der Mann für große Reden. Aber du kannst nicht einfach so abhauen, Tom. Nicht wegen irgend jemand anderem, sondern wegen dir selbst geht das nicht. Du mußt dir selbst in die Augen sehen können, egal wohin du gehst.«

»Damit komme ich schon zurecht«, erzähle ich ihm.

Parker schüttelt den Kopf. »Verdammt noch mal, was meinst du, wozu diese ganze Sache hier eigentlich gut ist? Sie lassen uns hier in komischen Kleidern herumlaufen und uns aufführen, als gehöre uns die ganze Welt. Sie zahlen uns verdammt viel, nur damit wir Männer sind. Aber es gibt einen Preis dafür. Wir müssen immer Männer bleiben. Nicht nur, wenn es einfach ist, wie am Anfang. Wir müssen bis zum bitteren Ende Männer bleiben, wie immer dieses Ende denn nun wirklich aussehen wird. Wir spielen hier nicht bloß unsere Rollen, Tom, wir leben sie, wir *sind* diese Rollen. Gott, jeder kann sich einen Cowboy-Dress anziehen und die Main Street runterstolpern. Aber nicht jeder kann einen Revolver tragen, ihn benutzen und damit leben.«

Ich sage: »Das war eine wunderbare Rede, Parker, und du hast es als alter Profi geschafft, die Szene kaputtzumachen. Laß uns wieder zu unseren Charakteren zurückkehren und weitermachen.«

»Zur Hölle mit dir«, sagt Parker. »Ich gebe nicht das

geringste um diese verdammte Szene und den ganzen verfluchten Western. Ich rede ganz direkt mit dir, Tom Washburn, dir habe ich etwas zu sagen und niemandem sonst. Wir sind vertrauter als Brüder miteinander geworden seit damals, als du als grüner Junge ins Territorium kamst. Ich lasse dich so nicht weg!«

»Ich trinke noch diesen Kaffee hier aus«, erzähle ich ihm, »und dann reite ich weiter.«

Natchez schnellt plötzlich in seinem Stuhl vor, packt mich am Hemd und zieht mein Gesicht über den Tisch dicht vor seines. In seiner anderen Hand sehe ich ein Messer.

»Zieh dein Messer, Tom. Ich bring dich lieber selber um, als daß ich dich als Feigling wegreiten lasse.«

Parkers Gesicht ist nahe vor meinem, er starrt mich an, ich rieche den sauren Atem des alten Mannes. Ich stemme meinen linken Fuß gegen den Boden, schiebe den rechten gegen das Bein von Parkers Stuhl und trete hart zu. Parkers Stuhl stürzt um. Ich sehe den Schock in den Augen des alten Mannes, als er hilflos zu Boden fällt. Ich ziehe meinen Revolver und ziele ihm zwischen die Augen.

»Jesus Christus, Tom!« sagt er.

Ich spanne den Hahn. »Du blöder alter Bastard«, sage ich. »Was denkst du, was das hier ist, eine Art Cowboy-und-Indianer-Spiel? Seit du die Kugel im Rücken erwischt hast, verkalkst du langsam. Du denkst, es gibt besondere Regeln, und du kennst all diese Regeln. Aber es gibt überhaupt keine Regeln. Ich erzähl dir nicht, was du zu tun hast, und du erzählst es mir nicht. Du bist ein verkrüppelter alter Mann, aber wenn du einen Kampf mit mir haben willst, dann kämpfe ich so, daß ich in jedem Fall überlebe, und nicht nach irgendwelchen Regeln. Ich mach dich so fertig, wie ich es am besten kann.«

Ich bewege langsam den Abzug. Old Parkers Augen treten aus den Höhlen, sein Mund fängt an zu zittern, er versucht sich zu beherrschen, aber er schafft es nicht. Er wimmert nicht laut, aber hoch wie ein verängstigtes kleines Mädchen.

Ich nehme den Finger zurück und stecke die Waffe weg. »Okay«, sage ich, »vielleicht kannst du dir jetzt wieder vorstellen, wie es wirklich ist, und wachst aus deinen Träumen auf.«

Ich hebe ihn hoch und schiebe ihm seinen Stuhl unter. »Tut mir leid, daß es nicht anders ging, Natchez. Ich gehe jetzt.«

Ich bleibe an der Tür stehen und sehe mich noch einmal um. Parker grinst mir nach. »Schön zu sehen, daß es dir wieder besser geht, Tom. Ich hätte daran denken sollen, daß du Nerven hast. Alle wirklich guten haben Nerven. Aber es wird ein verdammt guter Showdown werden.«

»Du alter Idiot, es wird keinen Showdown geben. Keinen einzigen mehr. Ich habe dir es schon gesagt, ich reite raus hier.«

»Viel Glück, Tom. Zeig's diesem Potter.«

»Idiot.« Raus hier mit mir.

Brimstone: eine verlassene Goldgräberstadt am nordöstlichen Rand des Territoriums. Hinter der Stadt erhebt sich die natürliche Gesteinsformation Devils Highway – eine breite, leicht geschwungene Felsbrücke. Das andere Ende, von der Stadt aus nicht zu sehen, ist fest außerhalb des Sets einbetoniert, zweihundert Meter und 150 Jahre weit weg.

Ich kam auf einem lahmenden Pferd an. Es gab nicht viele Menschen in dem gottverlassenen Nest, aber ich erkannte sofort ein vertrautes Gesicht. Es war dieser verdammte sommersprossige Jüngling aus Comanche.

Er mußte verdammt hart geritten sein, um vor mir hier anzukommen. Ich reite ohne ein Wort an ihm vorbei.

Ich sitze eine Weile einfach still auf meinem Pferd und bewundere den Devils Highway. Noch fünf Minuten Ritt bis auf die andere Seite, und ich bin ein für alle Male raus aus dem Westen, habe alles hinter mir, die guten Zeiten und die schlechten, die Angst und das Lachen, die langen, langsamen Tage und die kurzen, gefährlichen Nächte. In wenigen Stunden bin ich bei Consuela, ich werde die Zeitung lesen und das Fernsehen einschalten . . .

Noch einen letzten Whiskey hier und dann ab durch die Mitte.

Ich zügele mein Pferd vor dem Saloon. Jetzt noch ein paar mehr Leute auf der Straße, beobachten mich. Ich gehe in den Saloon.

*

Drinnen ist nur ein einziger Mann, der allein an der Theke trinkt. Er ist klein und stämmig, trägt eine schwarze Lederweste und einen breitkrempigen Büffelhut. Er dreht sich zu mir um. Er trägt einen Revolver ohne Holster hoch im Gürtel. Ich habe ihn nie zuvor gesehen, aber ich weiß, wer er ist.

»Wie geht's, Mr. Washburn«, sagt er.

»Wie geht's, Mr. Potter«, sage ich.

Er hält mir fragend die Flasche hin. Ich nicke. Er ist älter, als ich erwartet habe, fast dreißig. Er hat ein hartes, zerfurchtes Gesicht, hohe Wangenknochen, einen leicht geschwungenen schwarzen Schnurbart. Er schlürft seinen Drink, dann sagt er zu mir sehr höflich und sanft: »Mr. Washburn, ich habe ein Gerücht gehört, das ich nicht geglaubt habe. Dieses Gerücht sagt, Sie würden das Territorium in Eile verlassen.«

»Das stimmt«, erwidere ich.

»Das Gerücht sagt auch, Sie wollten nicht lange genug in der Gegend bleiben, um mir die Chance zu geben, es mit Ihnen zu versuchen.«

»Das ist auch wahr, Little Joe. Ich konnte keine Zeit für Sie mehr erübrigen. Ich hab was anderes vor, Little Joe. Aber nun haben wir uns ja doch noch getroffen.«

»Das haben wir tatsächlich«, sagt Little Joe. Er zwirbelt das Ende seines Schnurbarts und reibt sich die Nase. »Ganz ehrlich, Mr. Washburn, ich kann nicht glauben, daß Sie es mit mir einfach nicht aufnehmen wollen. Ich weiß alles über Sie, Mr. Washburn, und ich kann mir das einfach nicht vorstellen.«

»Glauben Sie es besser, Joe«, sage ich zu ihm. »Ich trinke dieses Glas hier aus, und dann gehe ich durch diese Tür und besteige mein Pferd und reite über Devils Highway.«

Little Joe zieht sich wieder an der Nase, runzelt die Stirn, schiebt sich den Hut zurück. »Ich hätte nie gedacht, daß ich das von Ihnen zu hören bekomme.«

»Ich hätte nie gedacht, daß ich das zu Ihnen sage.«

»Sie haben wirklich nicht vor, sich mit mir zu schießen?«

Ich trinke aus und stelle das Glas auf die Theke. »Paß gut auf dich auf, Little Joe«, verabschiede ich mich. Ich gehe zur Tür.

Little Joe sagt: »Da ist noch eine letzte Sache.«

Ich drehe mich um. Little Joe steht einen Schritt von der Theke weg, beide Hände sichtbar. »Ich kann Sie nicht zum Ziehen zwingen, Mr. Washburn, ich will es auch nicht. Aber ich habe Ihren Hut verwettet.«

»Davon habe ich gehört.«

»Und deshalb, auch wenn es mir mehr weh tut, als Sie sich vorstellen, muß ich Ihre Melone haben.«

Ich stehe da, sehe ihn an, antworte nichts.

Little Joe sagt: »Also, Washburn, es hat keinen Zweck da zu stehen und mich anzustarren. Gib mir den Hut oder zieh.«

Ich nehme meine Melone ab. Ich reibe sie an meinem Ärmel blank, dann werfe ich sie ihm zu. Er hebt sie auf, ohne mich dabei eine Sekunde aus den Augen zu lassen. Er sagt: »Danke, das war's.«

»Paß auf dich auf. Little Joe.« Ich gehe aus dem Saloon.

*

Eine Menschenmenge hat sich gegenüber dem Saloon angesammelt. Sie warten und beobachten, reden mit flüsternden Stimmen. Die Saloon-Tür schwingt auf und ein hochgewachsener, barhäuptiger Mann kommt heraus. Er hat eine beginnende Glatze. Er trägt einen .44 an das rechte Bein geschnürt, und er sieht aus, als könne er damit umgehen. Aber tatsächlich hat er von diesem Können keinen Gebrauch gemacht.

Unter den aufmerksamen Augen der Menge bindet Washburn sein Pferd los, schwingt sich in den Sattel und trabt in Richtung Brücke davon.

Die Saloon-Tür schwingt auf. Ein kleiner, stämmiger Mann mit hartem Gesicht kommt heraus und hält eine verbeulte Melone in der Hand. Er sieht dem Reiter nach.

Washburn gibt seinem Pferd die Sporen, das einen Moment zögert, bevor es auf die steinerne Brücke trabt. Auf dem steinernen Grund muß er das Pferd Schritt für Schritt vorantreiben über das glatte, vom Wind abgeschliffene Gestein, bis er den Scheitelpunkt der Brücke erreicht hat. Hier hält Washburn sein Pferd an oder erlaubt ihm stehenzubleiben. Er sitzt da im Sattel, am Schnittpunkt zweier Welten, aber er schaut in keine von beiden. Er greift nach der Krempe seiner Melone, um sie sich in die Stirn zu ziehen und ist leicht überrascht, als er den Hut nicht an seinem Platz findet. Er kratzt sich gedankenverloren die Stirn, ein Mann, dem alle Zeit der Welt zur Verfügung steht. Ganz langsam wendet er sein Pferd und beginnt zurückzureiten wieder hinab nach Brimstone.

*

Die Menge sieht zu, wie Washburn auf sie zu reitet. Sie verharrt schweigend und bewegungslos an ihrem Platz. Dann, als sie plötzlich begreifen, was gleich passieren muß, rennen die Menschen auseinander und suchen in Häusern, hinter Zäunen und unter Wagen Deckung.

Nur Little Joe Potter bleibt auf der staubigen Straße zurück. Er beobachtet, wie Washburn absteigt und sein Pferd aus der Feuerlinie treibt. Dann geht Little Joe langsam auf ihn zu.

Er ruft: »He, Washburn! Hast du deinen Hut vergessen?«

Washburn schüttelt den Kopf und grinst. »Nein, Little Joe, ich bin zurückgekommen, weil wir beide noch etwas zu erledigen haben.«

Sie lachen beide, es ist alles nur ein alberner Witz. Dann, ganz plötzlich, ziehen beide Männer. Das laute Bellen ihrer .44er dröhnt durch die Stadt. Pulverdampf und Staub verhüllen die beiden Kämpfer.

Dann wird die Sicht wieder klarer. Beide Männer stehen noch auf den Füßen. Little Joes Revolver zeigt zu Boden. Er sieht verwundert darauf und schaut zu, wie ihm die Waffe aus der Hand rutscht. Dann bricht er zusammen.

Wasburn steckt seinen Colt ein, geht hinüber zu Little Joe, kniet neben ihn, hebt ihm den Kopf aus dem Dreck.

»Gottverdammt«, sagt Little Joe, »das war 'ne kurze Sache, was, Washburn?«

»Zu kurz«, sagt Washburn. »Joe, tut mir leid . . .«

Aber Little Joe hört das schon nicht mehr. Seine Augen brechen, und sein Körper wird schlaff. Blut tropft aus zwei Löchern in seiner Brust, Blut aus den großen Austrittswunden in seinem Rücken färbt den Sand dunkel.

Washburn steht auf, findet seine Melone im Staub, wischt sie sauber, setzt sie auf. Er geht zu seinem Pferd hinüber. Die Leute kommen zurück auf die Straße, wagen sich aus ihrer Deckung. Gerede wird überall laut. Washburn setzt einen Fuß in den Steigbügel und beginnt aufzusteigen.

In diesem Moment ruft eine zitternde, jungenhafte Stimme: »Okay, Washburn, zieh!«

Washburns Gesicht verzieht sich, als er herumwirbelt, versucht die Revolverhand frei zu bekommen, aus der Schußlinie zu springen. Selbst in dieser verdrehten und unmöglichen Lage gelingt es ihm, seinen .44 zu ziehen und in Schußposition zu bringen. Er sieht den sommersprossigen Jungen fünf Meter vor sich, den Revolver bereits gezogen, auf Washburn zielend, sieht ihn abdrücken.

Die Sonne explodiert in Washburns Kopf, er hört sein Pferd wiehern, er fällt durch den staubigen Boden der Welt, fällt, als die Kugeln in seine Brust klatschen mit einem Geräusch, wie wenn ein Metzger mit seinem Messer die Steaks flachklopft. Die Welt zerbricht in ihre Einzelteile, die alles aufnehmende Kamera ist zerschlagen, seine Augen sind zerbrochene Linsen, die die plötzliche Zerstörung der Welt spiegeln. Ein rotes Licht leuchtet als letzte Warnung auf, und dann wird die Welt schwarz.

*

Der Zuschauer, Publikum und Schauspieler zugleich, schaut für eine Weile auf den dunkelgewordenen Bildschirm, lehnt sich in seinem Schaukelstuhl zurück, reibt sich das Kinn. Er scheint nicht ganz zufrieden zu sein. Dann, endlich, rülpst er, streckt die Hand aus und schaltet den Fernseher aus.

Was ist Leben?

Mortonson erzählt, daß, als er eines schönen Tages allein durch eine Felsöde an den Hängen des Himalaja wanderte, eine gewaltige Stimme, die von überall und nirgends zu erschallen schien, zu ihm sagte: »He, du!«

»Ich?« antwortete Mortonson.

»Ja, du«, donnerte die Stimme. »kannst du mir sagen, was Leben ist?«

Mortonson stand da, mitten im Schritt erstarrt, in Schweiß gebadet und sich bewußt, daß er soeben eine einzigartige mystische Erfahrung erlebte, und daß eine ganze Menge für ihn davon abhängen würde, wie er die Große Frage beantwortete.

»Einen kleinen Moment brauche ich da schon«, sagte er.

»Mach's aber nicht zu lang«, entgegnete die Stimme und hallte schaurig von den Felsen wider.

Mortonson setzte sich auf einen Stein und bedachte die Lage. Der Gott oder Dämon, der die Frage gestellt hatte, wußte mit Sicherheit, daß Mortonson – ein gewöhnlicher Sterblicher und kein besonderes Licht seiner Gattung, wie ihm durchaus bewußt war – nicht die entfernteste Ahnung besaß, was Leben war. Deshalb sollte die Antwort vielleicht nur sein Verständnis der Grenzen aller Sterblichen erkennen lassen, aber gleichzeitig auch zeigen, daß Mortonson begriffen hatte, warum ein Gott oder Dämon eine solche Frage dem potentiell göttlichen Wesen Mensch stellte, wie es hier von Mortonson mit seinem wunden Rücken, seinem schlecht gepackten orangefarbenen Rucksack, seinem Sonnenbrand auf der Nase und seiner zerknitterten Packung Marlboros repräsentiert wurde. Auf der anderen Seite lag in der Frage vielleicht auch die Implikation, daß Mortonson tatsächlich *wußte*, was Leben war, und es spontan in gut gewählten Worten verkünden konnte. Aber für spontane Weisheit war es jetzt leider schon ein bißchen zu spät.

»Du sollst deine Antwort bekommen«, versprach Mortonson.

»Okay«, dröhnte die gewaltige Stimme, brach sich an den Berggipfeln und rollte durch die Täler.

Das war einfach keine Art, jemandem ein spirituelles Erlebnis zu verpassen. So nicht, das war unfair. Mortonson war schließlich nicht als *Pilger* nach Nepal gekommen, sondern vier Wochen auf Urlaub. Er war nichts anderes als ein einfacher junger Amerikaner mit einem Sonnenbrand auf der Nase und Marlboro-Kettenraucher, den die Kombination von Rastlosigkeit, Freude am Ferntourismus und einem unerwarteten elterlichen Geldgeschenk an die Hänge des Himalaja geführt hatte. Wenn man diesen Hintergrund kannte, wußte man auch, worauf die Sache hinauslief. Das war die Geschichte von dem überzivilisierten häßlichen Amerikaner, der elend versagt, als ihm die unsterbliche Weisheit des Ostens begegnet. Der Ami als spirituelle Niete!

Niemand hat es gern, als Demonstrationsobjekt für das Versagen der westlichen Zivilisation herhalten zu müssen. Es macht einen wütend und ruiniert das Selbstgefühl, so von einer mächtigen Stimme aus dem Jenseits mit einer Fangfrage überfallen zu werden. Aber wie wird man damit fertig? Geh nicht in die Falle, stelle das ganze als Trick bloß, enthülle dein Wissen um das metaphysische Spiel, indem du selbst mit einer frivolen Antwort zurückschlägst. Sage der Stimme: *Leben ist eine Stimme, die einen Mann fragt, was Leben ist!* Und dann lasse die Täler von deinem kosmischen Gelächter widerhallen.

Aber um das zu bringen, mußt du schon sicher sein, daß die Stimme diese Art der Antwort begreift. Was, wenn sie einfach sagt: »Klar, das *passiert* im Leben, aber was *ist* Leben?« Und du stehst da, wirst mit faulen ektoplasmischen Eiern beworfen, während das kosmische Gelächter dir gilt – großes spöttisch heroisches Gelächter über deine Pompösität, deine Selbstgefälligkeit und deine Arroganz, auch nur zu versuchen, eine Antwort auf das Unbeantwortbare zu geben.

»Wie sieht's aus?« fragte die Stimme.

»Ich arbeite noch dran«, sagte Mortonson.

Ganz offensichtlich war das hier eins von diesen spirituellen Quickies, und Mortonson hielt sich mit Nebensächlichkeiten auf, prüfte ständig, ob seine Krawatte richtig saß, anstatt endlich zu überlegen, was, zum Teufel, Leben denn nun wirklich war. Schnell ging er einige Antworten durch: Leben ist ein warmes Kätzchen. Leben ist Asymmetrie. Leben ist Wandel. Leben ist Chaos, vom Schicksal durchbrochen (das sollte man sich merken!). Leben ist eine Himbeerbowle. Leben ist Vogelruf und Windesrauschen (hübsch, nicht?). Leben ist, was man daraus macht. Leben ist der Tanz des Kosmos. Leben ist Kino. Leben ist neugierig gewordene Materie (war das von Victor Hugo?). Leben ist, verdammt noch mal, alles, was man so nennen will!

»Das ist echt 'ne harte Nuß«, sagte Mortonson.

»Das finde ich auch«, antwortete die Stimme, rollte über die Gipfel und erfüllte die Himmel mit ihrer donnernden Gegenwart.

Man müßte für solche spirituellen Notfälle ständig vorbereitet sein, dachte Mortonson. Warum gab es in New York an der Uni keinen Kurs für ›Psychologie und Verhaltensnorm bei außerordentlichen spirituellen Erfahrungen‹? Für Sterbefälle gab es sowas. Aber Colleges brachten einem nie etwas Wichtiges bei, man studierte sich so durch und schnappte hier und da etwas auf, man las Lao-Tse, Thoreau, Norman Brown, Suzuki, Wittgenstein und den Shivapuri Baba und all die anderen Insider, die wirklich Ahnung hatten. Und das ganze Zeug las sich absolut überzeugend, erschloß einem den Menschen und das Universum! Aber wenn man die Bücher zuklappte, war alles wieder vorbei, und da saß man alleine in seinem Zimmer, kratzte sich die Nase und wünschte sich, jemand würde einen zu einer heißen Party einladen, wo man eine wunderschöne Kindfrau traf mit langen, glatten Haaren, steilen Brüsten und langen, schlanken Beinen, aber dafür war jetzt auch keine Zeit, denn die verdammte Stimme wartete auf die Antwort, die Große Antwort, aber was, verdammte Scheiße, war Leben?

»Ich hab's gleich«, rief er.

Was ihn wirklich anmachte, war das Wissen, daß es für ihn mit der richtigen Antwort eine Menge zu gewinnen gab. Es war eine wirklich unglaubliche Chance für einen spirituellen Durchbruch zum höheren Wissen, eine Gelegenheit, eine ganze Reihe von Schritten zu überspringen und direkt zur Erleuchtung, zum Moksha oder zum Satori zu kommen. Wer wirklich auf Draht war, der konnte diese Aufgabe lösen und daraus die Einsicht in den Kosmos gewinnen, die ihn zum Guru machte, vielleicht sogar zum Buddha! Man konnte sein Leben in Zen- oder Ashram-Gruppen verbringen, transzendental oder per Yoga meditieren, ohne jemals an sowas ranzukommen! Aber was war Leben?

Mortonson zog eine Zigarette heraus und mußte entdecken, daß es seine letzte war. Nichts mehr zu rauchen, bevor er zurück in seine Pension kam. Oh, Gott! Er mußte endlich fertig werden! Leben ist Zögern? Begierde? Sehnsucht? Trauer? Vorbereitung? Reifen? Zusammenfinden? Sich trennen?

Mortonson rieb sich die Stirn und sagte mit lauter, aber etwas zitternder Stimme: »Leben ist Entflammung!«

Unheimliches Schweigen folgte. Nach einer Zeit, die Mortonson für eine Höflichkeitspause angemessen schien, fragte er: »Eh, war das richtig?«

»Ich probiere es gerade«, erwiderte die ehrfurchtgebietende, gewaltige Stimme. »Entflammung ist zu lang. Flamme? Feuer! Leben ist Feuer! Das paßt!«

»Feuer ist das, was ich meinte«, sagte Mortonson.

»Du hast mir wirklich geholfen«, donnerte die Stimme. »Ich kam damit einfach nicht weiter. Vielleicht könntest du mir jetzt auch noch bei 78 waagerecht helfen. Ich brauche den mittleren Namen des Erfinders des schwerelosen Sternenantriebs. Er liegt mir auf der Zunge, aber ich komm nicht drauf. Der dritte Buchstabe ist ein D.«

Mortonson hatte sich auf die unglaublichsten Enthüllungen vorbereitet, aber Kosmisches Kreuzworträtsel war für ihn nicht die Erfüllung des Daseins, in spiritueller Hinsicht jedenfalls nicht. Er konnte einfach nichts damit anfangen, auch wenn es definitiv eine völlig außerordentliche Lebenserfahrung war.

Er erzählt, er habe sich daraufhin abgewandt und sei fortgewandert von der Stimme und den höheren Geheimnissen und in seine billige Pension in Katmandu zurückgekehrt. Jetzt arbeitet er als Expedient in der Hundefutter-Fabrik seines Vaters in Skowhegan und verbringt seine Urlaube auf Mallorca.

Alle guten Wünsche

Der Fremde hob sein Glas: »Mögen alle Ihre Wünsche in Erfüllung gehen.«

»Ich werde darauf trinken«, sagte Nelson Silversmith.

Ernst nippten sie beide an ihrem Orange-Julius. Draußen glitt das Treibgut der 8. Straße ostwärts und ergoß sich träge in die Sargasso-See des Washington Square. Silversmith mampfte seinen Paprika-Burger.

Der Fremde sagte: »Sie glauben wohl, ich sei ein Spinner?«

Silversmith zuckte mit den Achseln. »Ich glaube gar nichts.«

»Gut gesagt«, erklärte der Fremde. »Mein Name ist Terence Magginnis. Kommen Sie, trinken Sie ein Glas mit mir.

»Nehmen Sie es mir nicht übel, wenn ich das tue«, erklärte Silversmith.

Ungefähr 20 Minuten später saßen sie auf Barhockern aus rissigem roten Plastik in Joe Mangeris Venusmuschelbar und Biergarten und tauschten Bruchstücke ihrer Lebensphilosophie aus, wie es zwei Fremde tun, die sich zufällig an einem milden Oktobernachmittag in New Yorks Greenwich Village treffen. Maginnis war ein kleiner, stämmiger, rotgesichtiger Mann mit gravitätischem Gehabe und einem fusseligen Anzug aus Harris-Tweed. Silversmith war ein schlaksiger 32 jähriger mit einem betrübten Gesicht und langen tollpatschigen Fingern.

»So«, sagte Maginnis plötzlich, »genug geredet. Ich habe Ihnen etwas vorzuschlagen.«

»Schlagen Sie«, sagte Silversmith selbstsicher. Nicht umsonst war er in der verwirrend komplizierten Gesellschaft von Bayonne, New Jersey, aufgewachsen.

»Es ist so«, sagte Maginnis. »Ich bin der Vertreter

einer ganz bestimmten Organisation, deren Name ungenannt bleiben muß. Wir machen ein unverbindliches Einführungsangebot. Wir gewähren Ihnen, völlig frei und zu nichts verpflichtend, drei Bitten. Sie können um drei beliebige Sachen bitten, und ich werde sie besorgen, wenn es in meiner Macht steht.«

»Und was muß ich dafür tun?« fragte Silversmith.

»Überhaupt nichts Sie brauchen sich nur zurückzulehnen und zuzugreifen.«

»Drei Bitten«, sagte Silversmith nachdenklich. »Sie meinen drei Wünsche?«

»Ja, so könnte man es nennen.«

»Jemand, der Wünsche erfüllt, ist eine Fee.«

»Ich bin keine Fee«, stellte Maginnis fest.

»Aber Sie erfüllen Wünsche?«

»Ja. Ich bin ein ganz normaler Mensch, der Wünsche erfüllt.«

»Und ich«, sagte Silversmith, »bin ein ganz normaler Mensch, der Wünsche hat. Also dann zu meinem ersten Wunsch. Ich möchte eine wirklich gute Hi-Fi-Anlage mit vier Boxen, Kassettendeck und so weiter.«

»Sie sind ziemlich cool«, sagte Maginnis.

»Haben Sie erwartet, daß ich in Ohnmacht fallen würde?«

»Ich erwartete Zweifel, Ängstlichkeit, Ablehnung. Leute begegnen einem Angebot wie meinem im allgemeinen mit Mißtrauen.«

»Das einzige, was ich auf der New Yorker Uni gelernt habe«, sagte Silversmith, »war, bereitwillig auf Ungläubigkeit zu verzichten. Sie haben wohl nicht viele Abnehmer?«

»Sie sind seit langer Zeit mein erster. Die Leute wollen einfach nicht glauben, daß das ein faires Angebot ist.«

»Ungläubigkeit ist nicht die richtige Einstellung im Zeitalter Heisenbergscher Physik. Seit ich im *Scientific American* gelesen habe, daß ein Zustand nichts anderes ist als die Rückwärtsbewegung eines Elektrons in der Zeit, habe ich keine Schwierigkeiten mehr, so ziemlich alles zu glauben.«

»Ich darf nicht vergessen das in meinen Werbetext einzubauen«, sagte Maginnis. »Und jetzt geben Sie mir Ihre Adresse. Sie werden von mir hören.«

*

Drei Tage später ging Maginnis zu Silversmiths Wohnung im 5. Stock (ohne Aufzug) in der Perry Street. Er schleppte einen riesigen Koffer und schwitzte ziemlich stark. Sein Tweed-Anzug roch wie ein überarbeitetes Kamel.

»Das war ein Tag!« sagte er. »Ich habe ganz Long Island abgeklappert, um das Richtige zu finden. Wo soll ich es aufstellen?«

»Da ist es genau richtig«, sagte Silversmith. »Was ist mit dem Kassettendeck?«

»Ich bringe es heute nachmittag vorbei. Haben Sie jetzt über Ihren zweiten Wunsch nachgedacht?«

»Einen Ferrari. Einen roten.«

»Ihr Wunsch ist mir Befehl«, sagte Maginnis. »Kommt Ihnen das alles nicht phantastisch vor?«

»Die Phänomenologie zieht solche Sachen in Betracht«, erklärte Silversmith. »Oder, wie die Buddhisten sagen, die Welt ist ein Sein. Können Sie mir ein neues Modell besorgen?«

»Ich denke, ich kann einen neuen beschaffen«, sagte Maginnis. »Mit Turbolader und einem Armaturenbrett aus eichtem Walnußholz?«

»Jetzt erstaunen Sie mich wirklich«, sagte Silversmith.

»Aber wo soll ich ihn parken?« »Das ist Ihr Problem«, meinte Maginnis. »Bis später.«

Silversmith winkte geistesabwesend und fing an, den Koffer zu öffnen.

*

Als nächstes verschaffte Maginnis ihm ein geräumiges 3-Zimmer-Apartment am Patchin Place für 102,78 Dollar im Monat, inklusive Zubehör. Danach gab Maginnis ihm einen Bonus von fünf Wünschen.

»Das können Sie wirklich tun?« fragte Silversmith. »Werden Sie keine Schwierigkeiten mit Ihrer Gesellschaft bekommen?«

»Machen Sie sich deswegen keine Sorgen. Sie wissen, daß Sie ein wirklich guter Wunschkunde sind. Ihr Geschmack ist aufwendig, aber nicht zügellos. Ihre Wünsche sind zwar anspruchsvoll aber nicht unglaublich. Manche Leute mißbrauchen das Privileg – sie verlangen Paläste und Sklaven und einen Harem voll mit Miß America-Anwärterinnen.«

»Ich nehme an, so etwas kommt nicht in Frage?« bemerkte Silversmith beiläufig.

»Doch, ich kann es beschaffen. Aber es bringt nur Probleme für den, der es sich gewünscht hat. Man besorgt irgendeinem Schwätzer einen Nachbau der Sommerresidenz des Schahs auf einem 10-Morgen-Grundstück in Rhinebeck, New York, und dann fallen die Leute vom Finanzamt über ihn her, wie ein Heuschreckenschwarm. Der Junge hat dann für gewöhnlich einige Schwierigkeiten, ihnen zu erklären, wie er es geschafft hat, für diesen Palast zu sparen, obwohl er als Comptometer-Operator nur 125 die Woche verdient. Also stellt das Finanzamt eigene Vermutungen an.«

»Die wären?«

»Daß er ein Top-Mafioso sein muß, der weiß, wo die Richter begraben liegen, die in letzter Zeit umgelegt wurden.«

»Aber sie können nichts beweisen.«

»Vielleicht nicht. Aber wer möchte schon den Rest seines Lebens als Hauptdarsteller in FBI-Heimkinos verbringen?«

»Keine schöne Aussichten für jemanden, der das Privatleben schätzt«, sagte Silversmith und änderte einige seiner Pläne.

»Sie waren ein guter Kunde«, sagte Maginnis zwei Wochen später. »Heute erhalten Sie einen völlig unverbindlichen Bonus. Sie bekommen eine 40 Fuß Chris-Craft-Yacht, voll ausgerüstet. Wo soll sie hingebracht werden?«

»Vertäuen Sie sie einfach an der Mole meines Feriengrundstücks in Nassau«, sagte Silversmith. »Oh, und vielen Dank.«

»Ein weiteres freies Geschenk«, sagte Maginnis nach drei Tagen. »10 zusätzliche Wünsche, und es ist kein Haken dabei.«

»Das macht bis jetzt 18 unbenutzte Wünsche«, sagte Silversmith. »Vielleicht sollten Sie einige einem anderen guten Kunden geben.«

»Ich bitte Sie«, sagte Maginnis. »Wir sind sehr zufrieden mit Ihnen.«

*

Silversmith fingerte an seiner Brokat-Krawatte herum und sagte: »Es *ist* ein Haken dabei nicht wahr?«

Das war einen Monat und 14 Wünsche später. Silversmith und Maginnis saßen in Strandkörben am breiten

Strand von Silversmith' Landsitz in Juan-les-Pins an der französischen Riviera. Ein Streichquartett spielte leise im Hintergrund. Silversmith schlürfte einen Negroni. Maginnis, der etwas gequälter als sonst aussah, trank hastig einen Whisky Soda.

»Nun, man könnte es einen Haken nennen«, gab Maginnis zu. »Aber nicht so, wie Sie glauben.«

»Was ist es dann?«

»Sie wissen, daß ich Ihnen das nicht verraten darf.«

»Wird es vielleicht so enden, daß ich meine Seele an Sie verliere und in der Hölle lande?«

Maginnis fing laut an zu lachen. »Das«, sagte er, »ist so ungefähr das Letzte, was Sie u befürchten haben. Entschuldigen Sie mich jetzt. Ich muß mich noch in Damaskus, um den Araberhengst kümmern, den Sie suchen. Sie bekommen diese Woche übrigens fünf Bonus-Wünsche.«

*

Zwei Monate später lag Silversmith, nachdem er die Tänzerinnen entlassen hatte, Trübsal blasend im fürstlichen Bett seines 18-Zimmer-Apartments am Pincio in Rom. Es warteten noch 27 Wünsche auf ihn, aber es fiel ihm nichts ein, was er sich wünschen konnte. Und zudem, er war nicht glücklich.

Silversmith seufzte und griff nach dem Glas auf seinem Nachttisch, das immer mit Selters gefüllt war, der direkt von Grossingers eingeflogen wurde. Das Glas war leer.

»Ich habe zehn Diener, und die können nicht einmal darauf achten, daß ein einziges lausiges Glas gefüllt ist«, stöhnte er. Dann stand er auf, ging durch den Raum und hieb auf die Klingel. Danach legte er sich wieder ins Bett. Nach seiner Rolex Oyster, deren Gehäuse aus einem einzigen Stück Bernstein geschliffen war, dauerte es 3 Minuten und 38 Sekunden, bis der zweite Assistent des Butlers ins Zimmer stürzte.

Silversmith zeigte auf das Glas. Die Augen des Assistenzbutlers traten hervor, und sein Mund klappte auf. »Leer!« rief er. »Aber ich habe dem Assistenten des Stubenmädchens ausdrücklich gesagt . . .«

»Zur Hölle mit den Entschuldigungen«, sagte Silversmith. »Entweder ein paar Leute werden hier mal gründlich auf Trab gebracht oder einige Köpfe rollen.«

»Ja, *Sir*!« sagte der zweite Assistent des Butlers. Er eilte zu dem eingebauten Kühlschrank neben Silversmith' Bett, öffnete ihn und nahm eine Flasche Selters heraus. Er stellte die Flasche auf ein Tablett, nahm ein schneeweißes Leinentuch, faltete es einmal längsseits und hängte es über seinen Arm. Er wählte ein gekühltes Glas aus dem Kühlschrank, untersuchte, ob es sauber war, tauschte es gegen ein anderes Glas aus und wischte mit dem Tuch über den Rand.

»Beeilung«, sagte Silversmith drohend. *»Beeilung!«*

Der zweite Assistent des Butlers wickelte das Tuch schnell um die Seltersflasche und spritzte so elegant Selters in das Glas, daß kein Tropfen verschüttet wurde. Er stellte die Flasche wieder in den Kühlschrank und übergab Silversmith das Glas. Die benötigte Zeit insgesamt: 12 Minuten und 43 Sekunden.

Silversmith lag auf dem Bett, nippte an seinem Selters und brütete darüber nach, wie unmöglich das Glück und wie illusorisch Zufriedenheit war. Obwohl aller Luxus der Welt zu seinen Füßen lag – oder gerade deswegen –, langweilte er sich, seit Wochen schon. Es erschien ihm verdammt unfair, daß er alles bekommen konnte, was er wollte, aber daß er nicht in der Lage war, sich über das, was er bekam, zu freuen.

Im Grunde genommen war das Leben eine Enttäuschung. Das Beste, was es zu bieten hatte, war nie gut genug. Die gebratenen Enten waren niemals so knusprig, wie gesagt wurde, und das Wasser im Swimmingpool war immer eine Kleinigkeit zu warm oder zu kalt.

Wie sinnlos war die Suche nach Qualität! Für zehn Dollar bekommt man ein schönes Steak; für 100 Dollar bekommt man ein hervorragendes Beefsteak und für 1000 Dollar bekommt man ein Kilo allerfeinstes Kalbfleisch, massiert von geweihten Jungfrauen zusammen mit einem Meisterkoch, um es zuzubereiten. Natürlich wäre es dann viel Geld wert, aber keine 1000 Dollar. Je mehr man bezahlt, desto weniger kommt man jenem auserlesenen Fleisch näher, das die Engel essen, wenn Gott sein jährliches Bankett für die Angestellten gibt.

Oder die Frauen. Silversmith hatte einige der betörendsten Geschöpfe besessen, die der Planet zu bieten hatte, einzeln und in Gruppen. Aber es hatte sich gezeigt, daß selbst das es nicht wert war, etwas darüber zu schreiben. Sein Appetit hatte bei der ständigen Flut aufregend bekleideten Fleisches, mit der er versorgt worden war, zu schnell nachgelassen; und die elektrisierende Berührung immer neuen weiblichen Fleisches war aufreibend geworden.

Was er erlebt hatte, war wie in einem Serail gewesen, und die einzelnen Frauen darin waren jetzt so undeutlich in seinen Erinnerungen wie die einzelnen Eiskremsorten in seiner Jugend. Er erinnerte sich vage an eine Miß Universum mit nußbraunem Haar, die ständig nach Havannas roch; und da war eine kaugummikauende Scuba-Lehrerin gewesen aus Seal Island, Georgia, in ihrem aufregenden, glänzend schwarzen Lederanzug, die ausgerechnet im großen Augenblick eine riesige rosa Blase erzeugte.

Aber die übrigen glitten vorbei in einem Comic Strip aus feuchten Schenkeln und bebenden Brüsten, künstlichem Lächeln, vorgetäuschtem Schmollen und falscher Müdigkeit; und immer wieder der ständige schwere Rhythmus der ältesten Turnübung der Welt.

Das Beste war sein Set aus drei kambodschanischen Tempeltänzerinnen gewesen – braune Geschöpfe, alle mit leuchtenden Augen und wallendem schwarzen Haar, zierlichen, zerbrechlichen Gliedern und kleinen, festen Brüsten. Nicht einmal sie hatten ihn lange unterhalten können. Trotzdem, er hatte sie dabehalten, um abends Bridge mit ihnen zu spielen.

Er trank noch einen Schluck Selters und merkte, daß sein Glas leer war. Brummig stand er auf, um nach dem Diener zu läuten. Als sein Finger über dem Klingelknopf schwebte . . . genau in diesem Augenblick, kam ihm die Erleuchtung, wie der Blitz aus einer 1 000 000-Watt-Glühbirne in seinem Hirn. Und jetzt wußte er, was er tun mußte.

*

Maginnis brauchte zehn Tage, bis er Silversmith in einem heruntergekommenen Hotel in der 41. Straße, Ecke Tenth Avenue, fand. Maginnis klopfte einmal, dann ging er hinein. Es war ein schäbiges Zimmer mit blechverkleideten Wänden, die giftgrün gestrichen waren. Der Geruch hunderter Insektenspraysorten mischte sich mit dem tausender Schabengenerationen. Silversmith saß auf einem eisernen Bett, das mit einer olivgrünen Decke abgedeckt war. Er war gerade dabei, ein Kreuzworträtsel zu lösen und nickte Maginnis fröhlich zu.

»Schön«, sagte Maginnis. »Wenn Sie damit fertig sind herumzugammeln, habe ich einen Haufen Zeug für Sie –

die Wünsche 43 und 44, außerdem soviel von 45, wie ich bekommen konnte. Bei welchem Ihrer Häuser soll es abgeliefert werden?«

»Ich will es nicht«, sagte Silversmith.

»Sie wollen es nicht, wie?«

»Nein.«

Maginnis zündete sich eine Zigarre an. Er paffte eine Weile nachdenklich, dann sagte er: »Das da ist also Silversmith, der berühmte Asket, der bekannte Stoiker, der taoistische Philosoph, der lebende Buddha? Befreiung von weltlichen Gütern, ist das die neue Nummer, Silversmith? Glaube mir, Kleiner, das schaffst du nie. Sie machen die typische Krise eines reichen Mannes durch, die ein paar Wochen oder Monate dauern wird, wie bei allen. Aber dann kommt der Tag, an dem der braune Reis besonders scheußlich schmeckt und das Hemd aus Sackleinen schlimmer als sonst an ihren Ekzemen scheuert. Dann folgen einige kurze Überlegungen, und als nächstes essen Sie im Sardi Eier à la Benedict und erzählen Ihren Freunden, was es für eine wertvolle Erfahrung war.«

»Wahrscheinlich haben Sie recht«, sagte Silversmith.

»Also, warum wollen Sie mich die ganze Zeit herumhängen lassen? Sie haben vom großen Kuchen viel zu viel und viel zu schnell gegessen, und jetzt haben Sie sich daran verschluckt. Sie brauchen eine Pause. Ich empfehle Ihnen einen hübschen kleinen Ferienort am Südhang des Kilimandscharo . . .«

»Nein«, sagte Silversmith.

»Vielleicht etwas Spiritistisches? Ich kenne diesen Guru, der . . .«

»Nein.«

»Sie fangen an, mich zuerärgern«, sagte Maginnis. »Wirklich, Sie bereiten mir Kopfschmerzen. *Silversmith, was wünschen Sie sich?*«

»Ich will glücklich sein«, sagte Silversmith. »Aber ich weiß jetzt, daß ich nicht glücklich sein kann, wenn ich etwas besitze.«

»Sie wollen also arm bleiben?«

»Nein, ich kann auch nicht glücklich sein, wenn ich nichts besitze.«

»Nun«, sagte Maginnis, »das scheinen alle Möglichkeiten zu sein.«

»Ich glaube, es gibt noch eine andere Alternative«, sagte Silversmith.

»Yeah? Was ist es?«

»Ich will bei euch einsteigen«, sagte Silversmith.

Maginnis setzte sich auf das Bett. »Sie wollen bei uns einsteigen?«

»Was auch immer ihr seid«, sagte Silversmith, »ich will ein Teil davon werden.«

»Warum haben Sie sich dazu entschieden?« fragte Maginnis. »Ich erkannte, daß Sie glücklicher waren, als ich. Ich kenne Ihre Masche nicht, Maginnis, und ich habe einige Einwände gegen die Organisation, für die Sie arbeiten, wie ich glaube. Aber ich will wirklich einsteigen.«

»Sie sind bereit, nur dafür alle restlichen Wünsche und alles andere aufzugeben?«

»Koste es, was es wolle«, sagte Silversmith.

»Okay«, sagte Maginnis, »Sie sind dabei.«

»Wirklich? Das ist großartig. Wessen Leben zerstören wir als nächstes?«

»Oh, wir sind nicht *dicsc* Organisation«, sagte Maginnis grinsend. »Man verwechselt uns manchmal miteinander, obwohl ich mir nicht vorstellen kann, warum. Aber wie dem auch sei: Sie haben alle diese weltlichen Güter angenommen, und Sie haben so gehandelt, ohne eine Gegenleistung zu erwarten, aus dem einfachen Wunsch heraus, zu dienen. Wir wissen diese Geste zu schätzen. Silversmith, willkommen im Himmel.«

Um sie herum bildete sich eine rosa Wolke, und durch sie konnte Silversmith ein riesiges silbernes Tor sehen, das mit Perlen besetzt war.

»He!« rief er. »Sie haben mich durch einen Trick hierhergelockt! Sie haben mich hereingelegt, Maginnis, oder wer immer Sie sind!«

»Die andere Organisation macht das schon lange so«, sagte Maginnis. »Wir dachten, wir sollten es wirklich auch einmal versuchen.«

Das Himmelstor öffnete sich. Silversmith konnte sehen, daß ein chinesisches Bankett vorbereitet war; und es gab Mädchen, und einige der Gäste schienen Joints zu rauchen.

»Nicht, daß ich mich beschweren wollte«, sagte Silversmith.

Ich sehe einen Mann, der auf einem Stuhl sitzt, und der Stuhl beißt ihn ins Bein

Hinter ihm lagen die grauen Azoren und die Säulen des Herkules; der Himmel war über ihm, das Plankton unter ihm.

»Verfluchtes Plankton! Verdammtes Zeug!« rief Pareti in die tiefstehende Nachmittagssonne hinein. Das kam nicht sonderlich deutlich heraus, weil er einen Zigarrenstummel zwischen den Lippen hatte, und klang weniger kraftvoll, als Paretis Flüche im allgemeinen waren – aber seine Schicht näherte sich ihrem Ende, und er war müde. Diesen Fluch hatte er zum erstenmal vor drei Jahren ausgestoßen, als er sich zur Arbeit als Ernter auf den Planktonfeldern verpflichtet hatte. Pareti hatte geflucht, als er die schwammige graue Planktonmasse, die hier den Atlantik bedeckte, zum erstenmal gesehen hatte. Wie Aussatz auf dem blauen Körper des Meeres.

»Dreckszeug«, murmelte er vor sich hin. Das war schon eine Art Ritual. Auf diese Weise fühlte er sich in seinem kleinen Boot weniger einsam. Er war hier draußen allein: Joe Pareti war mit seiner Stimme allein. Und mit dem weißgrauen Plankton.

Er beobachtete die Bewegung halblinks hinter sich aus dem Augenwinkel heraus und wendete rasch das Boot. An einer Stelle stieg das Plankton wieder in die Höhe. Aus der grau-weißen Masse bildete sich eine Art Fangarm, der unsicher schwankend nach oben wuchs. Pareti schätzte die Entfernung ab, während er sein Boot darauf zusteuerte. Noch fünf Meter . . . er streckte den Arm mit dem Netz aus . . . ein kurzer seitlicher Ruck – und schon hatte er das Netz an der langen Stange bis zum Rand mit der grauen Masse gefüllt.

Das Plankton bewegte sich zuckend, umklammerte die

Netzmaschen und sog sich an dem Aluminiumstiel fest. Pareti schätzte den Klumpen auf fünf Pfund, während er ihn an Bord holte und in den Lagerbehälter kippte. Er war schwer für seine Größe.

Als das Plankton aus dem Netz fiel, öffnete sich der Deckel des Lagerbehälters selbsttätig. Druckluft ließ die Sektoren danach sofort wieder zuschnappen.

Das Plankton hatte seinen Handschuh gestreift. Pareti war es zu mühsam, diese Stelle gleich zu desinfizieren. Er strich sich geistesabwesend die sonnengebleichten Haare aus dem Gesicht und wendete sein Boot erneut. Er war etwa zwei Seemeilen von dem Texas Tower entfernt.

Er war fünfzig Seemeilen weit im Atlantik draußen.

Er befand sich vor der Küste von Hatteras.

Er befand sich auf 35° Breite und 75° westlicher Länge.

Um ihn herum erstreckten sich die Planktonfelder.

Er war erschöpft. Seine Schicht war zu Ende.

Verfluchtes Plankton!

Das Meer war glatt, aber die lange Dünung rollte in Richtung Tower weiter. Der Wind war eingeschlafen, und die Sonne schien hell und klar wie an jedem Tag seit dem dritten Weltkrieg – heller als je zuvor. Das Wetter war für die Planktonernte geradezu ideal. Und pro Schicht verdiente man dabei 530 Dollar.

An Backbord lag ein zehn Quadratmeter großer Planktonfilm über dem Wasser. Pareti änderte seinen Kurs und sammelte auch dieses Plankton ein. Es leistete kaum Widerstand. Es war einfach zu dünn gestreckt.

Er fuhr weiter auf den Texas Tower zu und erntete unterwegs noch mehr Plankton, das alle möglichen Formen aufwies. Der größte Kumpen hatte die Gestalt eines Wurzelstocks angenommen. (*Blödes Plankton,* dachte er. *Wo gibt es denn im Atlantik Baumstümpfe?*) Der kleinste glich einem jungen Seehund: unscheinbar grau und augenlos. Pareti sammelte alle Klumpen rasch und ohne zu zögern ein; er besaß die erstaunliche Fähigkeit, Plankton in allen seinen Erscheinungsformen unfehlbar zu erkennen, und arbeitete schneller und sicherer als die von der Firma ausgebildeten Ernter. Er war der Tänzer mit natürlichem Rhythmusgefühl, der Maler, der nie Zeichenunterricht gehabt hatte, oder der Pfadfinder, der allein seinem Instinkt vertraute.

Joe Pareti hatte es dieser Fähigkeit zu verdanken, daß er nach seinem Studium auf der Multiversität, das er *summa cum laude* abgeschlossen hatte, nicht in die Industrie oder in eine sterile Denkfabrik gegangen war. Was nützte alles Wissen und alle Bildung auf einer mit 27 Milliarden Menschen überfüllten Welt, auf der es selbst für die schlechtesten Jobs Tausende von Bewerbern gab? Jeder konnte eine Schule besuchen und danach studieren; etwas weniger schlossen ihr Studium ab; noch weniger bekamen ein Goldenes Siegel, und nur eine Handvoll – zu denen Joe Pareti gehört hatte – absolvierten die Multiversität und verließen sie als Promovierte mit Goldenem Siegel und guten Berufsaussichten. Aber das alles war nichts wert im Vergleich zu seinem natürlichen Instinkt bei der Planktonernte.

Bei der Geschwindigkeit, mit der er erntete, konnte er wesentlich mehr als ein Projektingenieur verdienen.

Aber nach zwölfstündiger Arbeit auf dem Atlantik befriedigte ihn selbst dieser Gedanke nicht mehr. Er wollte sich nur noch in seiner Luxuskabine aufs Bett werfen und schlafen. Schlafen. Er spuckte seinen Zigarrenstummel aus.

Das Stahlgerüst ragte vor ihm auf. Es wurde traditionell als Texas Tower bezeichnet, obwohl es keine Ähnlichkeit mit den Bohrinseln hatte, die vor dem dritten Weltkrieg auf der Suche nach Erdöl und Erdgas in

Küstengebieten eingesetzt worden waren. Es erinnerte an ein bewegliches Korallenriff oder an das Skelett einer längst ausgestorbenen Walart.

Der Texas Tower war schwierig zu definieren. Er war beweglich und deshalb ein Schiff; er ließ sich fest mit dem Meeresboden verbinden und war folglich eine Insel. Über dem Wasserspiegel war ein verwirrendes Netzwerk aus Röhren und Leitungen sichtbar: Saugrohre, die das Plankton aus den Laderäumen der Ernteboote förderten, Druckluftleitungen, Kühlschlangen, Rohre, an denen die Boote festgemacht werden konnten, und andere Rohre, die den Radarmast stützten.

Vor Pareti gähnten zwei riesige schwarze Öffnungen: die Schleusen, durch die man das Innere des Texas Towers betrat. Unter der Wasserlinie breiteten sich wie bei einem Eisberg die eigentlichen Massen der Stahlkonstruktion aus; sie bestanden hauptsächlich aus einklappbaren Geschossen, die je nach Wassertiefe ausgefahren wurden. Jetzt waren Dutzende der untersten Geschosse wegen des seichten Wassers außer Betrieb.

Der Texas Tower war häßlich, eckig, langsam, auch in Stürmen unsinkbar und schwerfälliger als eine Galeone. Als Schiff war er eine Fehlkonstruktion, aber als Fabrik war er ein Wunderwerk der Technik.

Pareti kletterte aus seinem Boot, nahm das Netz mit und betrat die nächste Schleuse. Er wurde mit einer desinfizierenden Lösung eingesprüht, mußte durch eine UV-Kammer und erreichte erst dann das vollklimatisierte Innere des Texas Towers. Als er die Aluminiumwendeltreppe hinunterlief, hörte er Stimmen. Dort unten sprachen Mercier, dessen Schicht in wenigen Minuten begann, und Peggy Flinn, die ihren freien Tag hatte. Die beiden Ernter diskutierten lautstark miteinander.

»Sie verkaufen das Zeug für sechsundfünfzig Dollar

pro Tonne«, sagte Peggy eben laut. Offenbar stritten die beiden sich schon eine Weile. Sie redeten über die Prämien für die Ernter.

»Vor oder nach der Zellteilung?« erkundigte Mercier sich.

»Du weißt genau, daß ich das Gewicht nach der Zellteilung meine!« fuhr Peggy ihn an. »Das bedeutet also, daß jede Tonne, die wir hier herausholen, durch die Tanks geschickt und bestrahlt wird, bis sie sich in vierzig oder einundvierzig Tonnen verwandelt hat. Und wir bekommen unsere Prämie für das ursprüngliche Lebendgewicht!«

Pareti hatte diese Diskussion schon unzählige Male gehört, seitdem er vor drei Jahren als Ernter auf den Planktonfeldern angefangen hatte. Sobald die Laderäume voll waren, wurde das Plankton zu den Verarbeitungswerken gebracht, um nach den patentierten Verfahren der jeweiligen Firmen bestrahlt zu werden. Es vermehrte sich dabei durch Zellteilung, erreichte das Vierzigfache seines ursprünglichen Gewichts und wurde dann ›geschlachtet‹, um zu dem Grundnahrungsmittel weiterverarbeitet zu werden, von dem die Bevölkerung lebte, die schon lange keine Steaks, keine Eier, keinen Kaffee und keine Karotten mehr kannte. Der dritte Weltkrieg war eine Tragödie gewesen, weil er so viel vernichtet hatte – nur keine Menschen.

Das Plankton wurde getrocknet, gemahlen, gefiltert, mit Vitaminen versetzt, gefärbt, parfümiert, individuell abgepackt und unter einigen Dutzend verschiedener Marken an 27 Milliarden hungriger Menschen verkauft. Dreimal aufbereitetes Wasser hinzufügen, umrühren – fertig!

Die Ernter sorgten dafür, daß die Menschheit nicht verhungerte.

Und selbst bei einem Schichtlohn von 530 Dollar hatten

einige von ihnen das Gefühl, unterbezahlt zu sein.

Pareti polterte die letzten Stufen hinab. Die beiden Streitenden sahen zu ihm auf. »Hallo, Joe«, sagte Mercier. Peggy lächelte.

»Lange Schicht gehabt?« erkundigte sie sich.

»Jedenfalls lang genug. Ich bin fertig.«

Sie richtete sich etwas auf. »Völlig?«

Pareti rieb sich die Augen. Sie waren entzündet; er hatte mehr Staub als gewöhnlich abbekommen. »Ich dachte, du könntest gerade nicht, Peggy?«

»Schon wieder vorbei«, versicherte sie ihm, breitete die Hände aus und grinste dabei wie ein kleines Mädchen, dessen Masern über Nacht verschwunden sind.

»Ja, das wäre nett«, nahm Pareti ihr Angebot an. »Aber nur, wenn du eine Rückenmassage dreingibst.«

»Ich breche dir das Rückgrat!« versprach sie ihm.

Mercier lachte und ging an ihnen vorbei zur Treppe. »Bis später!« rief er den beiden zu.

Pareti und Peggy Flinn machten sich auf den Weg zu seiner Luxuskabine. Die Ernter, die bis zu einem halben Jahr an Bord des Texas Towers verbrachten, ohne zwischendurch festes Land zu betreten, hatten im Laufe der Zeit eine eigene Gesellschaftsordnung angenommen. Frauen, die nicht bereit waren, ihre Sexpartner häufig zu wechseln, hatten dort nichts verloren. Die Ernter hatten selten Landurlaub, deshalb versorgte ihre Firma sie an Bord mit allem, was sie sich nur wünschen konnten: mit Filmen, erstklassigen Köchen, Turngeräten, Büchern . . . und Ernterinnen. Es hatte damit begonnen, daß einige der Frauen als Gegenleistung für erwiesene Dienste ›Geschenke‹ von den Männern annahmen, aber darunter hatte die Arbeitsmoral gelitten; deshalb bekamen die Frauen jetzt zu ihrem Schichtlohn und den Leistungsprämien noch einen Sexzuschlag für die arbeitsfreie Zeit.

Eine einigermaßen hübsche Frau, die sich zudem als Ernterin bewährte, konnte nach acht oder neun Monaten an Bord eines Texas Towers mit fünfzigtausend Dollar in der Tasche zurückkommen.

In Paretis Luxuskabine zogen sie sich aus.

»He, Joe«, meinte Peggy überrascht, »was ist mit deinem Haar passiert?«

Sie waren schon einige Monate lang nicht mehr zusammen gewesen.

»Ich werde anscheinend kahl«, meinte Pareti schulterzuckend. Er rieb sich mit einem Reinigungstuch ab und warf es in den Müllschlucker.

»Überall?« fragte sie ungläubig.

»Hör zu, Peg«, sagte Pareti müde. »Ich bin jetzt zwölf Stunden unterwegs gewesen, ich habe die ganze Zeit geschuftet, ich möchte bald schlafen. Willst du oder willst du nicht?«

Sie lächelte ihn an. »Du gefällst mir, Joe.«

»Ja, ich weiß«, antwortete er und ließ sich aufs Bett fallen. Peggy kam zu ihm.

Danach schlief er ein.

*

Fünfzig Jahre zuvor war der dritte Weltkrieg schließlich ausgebrochen, nachdem dreißig Jahre lang der Kalte Krieg in seiner zweiten Phase geherrscht hatte. Die Phase I war in den siebziger Jahren zu Ende gegangen, als ein neuer Krieg unvermeidbar erschien. Charakteristisch für die Phase II waren die Verteidigungs- und Schutzmaßnahmen gegen nukleare Angriffe gewesen. Damals waren unterirdische Städte entstanden – die ›Kanisterstädte‹, wie sie von ihren Erbauern genannt wurden. Aber in der Öffentlichkeit trugen sie andere Namen. In

Pressemitteilungen hießen sie Jade City, Goldene Grotte, Nord- und Süd-Diamant, Onyxville, Sub-City oder Ost-Pyrit. Und in den Smokies wurde der gigantische nordamerikansiche Raketenabwehrkomplex drei Kilometer tief in die Felsen versenkt.

Die Vermehrung hatte lange vor Beginn der Phase I eingesetzt. Malthus hatte recht behalten. Die allgemeine Angst bewirkte, daß die Menschen sich wie nie zuvor vermehrten. Und in Kanisterstädten wie Lower Hongkong, Labyrinth (unter Boston) und New Cuernavaca, wo sie auf engstem Raum zusammenleben mußten, gab es kaum andere Vergnügungen. Deshalb vermehrten sie sich. Und wieder und wieder. Und ihre zahlreiche Nachkommenschaft füllte die Kanisterstädte. Sie gruben weitere Tunnels, Gänge und Korridore. Unter der Erde lebten die unzähligen hungrigen Bewohner des Landes der Angst; über ihr lebten nur die Angehörigen der militärischen und wissenschaftlichen Elite.

Dann kam der Krieg.

Er kam mit Bakterien, Nuklearwaffen, Lasern und chemischen Vernichtungsmitteln.

Auf dem nordamerikanischen Kontinent sah es schlimm genug aus: Los Angeles lag in Trümmern. Der Raketenabwehrkomplex und die halben Smokies verschwanden von der Landkarte. Oak Ridge verschwand in einem einzigen Lichtblitz. Louisville war nur noch ein Trümmerhaufen. Detroit und Birmingham existierten nicht mehr; an ihrer Stelle erstreckten sich spiegelglatte Flächen, die das Sonnenlicht reflektierten.

New York und Chicago waren besser geschützt gewesen. Sie hatten ihre Vorstädte, aber nicht ihre unterirdischen Kanisterstädte verloren. Und die Kerne der übrigen Großstädte waren erhalten geblieben. Sie waren schwer beschädigt, aber sie blieben funktionsfähig.

Auf den anderen Kontinenten sah es ähnlich schlimm und sogar noch schlimmer aus.

Aber in den zwei Phasen des Kalten Krieges war Zeit genug gewesen, Seren, Medikamente, Gegengifte und Therapien zu entwickeln. Millionen von Menschen wurden dadurch gerettet.

Aber trotzdem . . . Getreideähren ließen sich nicht impfen. Man konnte auch nicht jede Katze, jeden Hund, jedes Büffelkalb, jede Antilope und jedes Wildschwein impfen. Auch die Weltmeere waren verseucht. Die Ökologie geriet aus den Fugen. Einige Tierarten überlebten; die meisten starben aus.

Die Hungerstreiks und die Aufstände der Hungernden begannen.

Aber sie dauerten nicht lange. Menschen, die durch Hunger geschwächt sind, können nicht kämpfen. Deshalb kam jetzt die Zeit der Kannibalen. Und dann schlossen sich die Regierungen zusammen, weil sie entsetzt erkannten, was sie sich selbst und anderen angetan hatten. Die Vereinten Nationen nahmen ihre Arbeit wieder auf und erteilten neugegründeten Firmen Forschungsaufträge mit dem Ziel, künstliche Nahrungsmittel zu entwickeln. Aber diese Entwicklung dauerte lange.

Unterdessen trieb der Westwind radioaktiv verseuchte Wolken vor sich her über Amerika. Die Smokies, Louisville, Detroit und New York erhöhten die Strahlungsmenge weiter, so daß eine tödliche Last den Atlantik erreichte und vom Strahlstrom über Asien verteilt wurde. Aber zuerst bewirkten massive radioaktive Niederschläge vor North und South Carolina im Verein mit Sonnenlicht und Regen eine seltsame Mutation des Planktons in den Küstengewässern.

Zehn Jahre nach dem Ende des dritten Weltkriegs hatte sich das Plankton in irgend etwas anderes verwandelt. Es breitete sich aus. Es paßte sich an. Es durchlief viele Metamorphosen.

Forscher experimentierten mit dieser Mutation und kamen zu dem überraschenden Ergebnis, daß die neue Planktonart keineswegs die Weltmeere und vielleicht sogar die ganze Erde bedrohte, sondern . . . ein Wunder war. Durch sie wurde die ganze Menschheit vor dem Hungertod bewahrt, weil das Plankton sich als hochwertiges künstliches Nahrungsmittel erwies. Es enthielt alle nötigen Proteine, Vitamine, Aminosäuren, Kohlenhydrate und selbst Spurenelemente. Es ließ sich dehydrieren und auf kleinstem Raum abpacken. Nach Zugabe von Wasser konnte es gekocht, gedünstet, gebraten, gebacken, fritiert oder kalt zubereitet werden. Es kam dem Ideal eines Volksnahrungsmittels erstaunlich nahe. Sein Geschmack ließ sich beliebig verändern und hing nur von dem jeweils verwendeten Aufbereitungsverfahren ab. Es nahm viele Geschmacksrichtungen an, ohne einen Eigengeschmack zu besitzen.

Solange das Plankton lebte, existierte es auf einer quasivegetativen Ebene. Als labiles Protoplasmagemenge war es anscheinend nicht intelligent, obwohl es den erkennbaren Drang besaß, Formen anzunehmen. Es bildete ständig rudimentäre Tier- und Pflanzenformen, ohne sie über längere Zeit hinweg beibehalten zu können. Das Plankton schien etwas *werden* zu wollen. In den Forschungslaboratorien hofften die Wissenschaftler, daß es nie merkte, *was* es eigentlich werden sollte.

Das Plankton war ein schmackhaftes Nahrungsmittel.

Erntefabriken – die Texas Towers – wurden von den konzessionierten Firmen errichtet, die gleichzeitig mit der Ausbildung von Erntern begannen. Die Ernter standen mit ihrem Lohn an der Spitze aller nichttechnischen Berufe der Welt. Das kam nicht daher, daß ihre Arbeit lange dauerte und schwierig war; ihr Lohn war so hoch, weil er durch eine ›Gefahrenzulage‹ verdoppelt wurde.

Joe Pareti hatte studiert und promoviert, bevor er gemerkt hatte, daß sich damit nicht annähernd genug Geld verdienen ließ. Er war ein Ernter geworden. Bisher hatte er allerdings noch keine Ahnung, wofür er die Gefahrenzulage auf sein Konto überwiesen bekam.

Das sollte er bald erfahren.

*

Sein Alptraum endete mit einem jähren Schrei. Und dann wachte er auf. De Schlaf hatte ihn nicht erfrischt. Er hatte elf Stunden lang auf dem Rücken gelegen, er hatte elf Stunden lang hilflos gelitten und war endlich aus seinen Alpträumen erwacht. Er blieb einen Augenblick liegen; er konnte sich nicht bewegen.

Als er dann aufstand, bewahrte er nur mühsam das Gleichgewicht. Nein, dieser Schlaf war keine Erholung gewesen.

Der Schlaf hatte seine Haut mit Sandpapier abgeschliffen.

Der Schlaft hatte seine Finger mit Diamantstaub poliert.

Der Schlaf hatte seine Kopfhaut angegriffen.

Der Schlaf hatte seine Augen mit einem Sandstrahlgebläse mißhandelt.

Mein Gott, mein Gott! dachte er und spürte Schmerzen in allen Nervenenden. Er stolperte ins Bad, stellte sich unter die Dusche und ließ sich von dem eiskalten Wasser aufwecken. Dann trat er vor den Spiegel und griff automatisch nach seinem Rasierapparat. Aber dann sank seine Hand herab.

Der Schlaf hatte seine Haut mit Sandpapier abgeschliffen, seine Finger mit Diamantstaub poliert, seine Kopfhaut angegriffen und seine Augen mit einem Sandstrahlgebläse mißhandelt.

Das alles war kaum übertrieben. Was ihn während seines unruhigen Schlafs zugestoßen war, ließ sich schlecht anders beschreiben.

Pareti starrte in den Spiegel und erschrak vor sich selbst. *Wenn man das bekommt, wenn man mit dieser verdammten Peggy Flinn ins Bett geht, lasse ich in Zukunft die Finger von den Frauen.*

Er war völlig kahl.

Sein schütteres blondes Haar, das er sich noch bei der Arbeit aus der Stirn gestrichen hatte, war verschwunden. Sein Kopf war glatt und rund wie die Kristallkugel einer Wahrsagerin. Er hatte keine Wimpern mehr. Seine Augenbrauen waren weg.

Sein Brustkasten war haarlos. Seine Fingernägel waren beinahe durchsichtig, als ob die oberste Hornschicht abgetragen worden wäre.

Er sah nochmals in den Spiegel. Er erkannte sich selbst ... mehr oder weniger. Eigentlich war er nicht viel weniger geworden; mehr als ein halbes Pfund fehlte bestimmt nicht. Aber es war ein bemerkenswertes halbes Pfund.

Seine Haare.

Auch alle Warzen, Leberflecken, Narben und Schwielen waren verschwunden. In seiner Nase wuchsen keine Haare mehr. Kniescheiben, Ellbogen und Fersen waren blankgescheuert und hellrosa.

Joe Pareti merkte, daß er noch immer den Rasierapparat in der Hand hielt. Er legte ihn zurück und starrte sich lange im Spiegel an. Er hatte das erschreckende Gefühl, genau zu wissen, was ihm zugestoßen war. *Ich sitze in der Patsche,* dachte er trübselig.

Dann machte er sich auf die Suche nach dem Arzt des

Texas Towers. Der Doktor war nicht im Schiffslazarett. Er fand ihn im Pharmakologielabor. Der Arzt warf Pareti nur einen einzigen prüfenden Blick zu und lief dann vor ihm her ins Lazarett, wo er Paretis Befürchtungen bestätigte.

Der Doktor war ein ruhiger, gewissenhafter Mann namens Gerald Ball. Er war sehr groß, sehr hager und meistens ausgesprochen melancholisch. Aber als er jetzt den haarlosen Pareti betrachtete, schien er bester Laune zu sein.

Pareti fühlte sich dehumanisiert. Er war Ball als Mensch in den Untersuchungsraum gefolgt; jetzt hatte er sich in ein Untersuchungsobjekt verwandelt, das unter dem Makroskop studiert wurde.

»Hm«, meinte der Arzt. »Hochinteressant. Drehen Sie bitte den Kopf? Gut . . . sehr gut . . . bitte zwinkern.«

Pareti tat, wozu er aufgefordert wurde. Ball machte sich Notizen, ließ die Kamera laufen und summte zufrieden vor sich hin, während er auf einem Tablett sterilisierte Instrumente ordnete.

»Sie haben sie natürlich erwischt«, stellte Bell nach Abschluß seiner Untersuchung fest.

»Was habe ich erwischt?« fragte Pareti.

»Ashtons Krankheit. Planktoninfektion, wenn Sie so wollen – aber wir nennen sie Ashtons Krankheit, weil sie bei einem gewissen Ashton aufgetreten ist.« Der Arzt zog die Augenbrauen hoch. »Sie haben sie doch nicht etwa für Dermatitis gehalten?«

Pareti bildete sich ein, atonale Sphärenmusik zu hören.

»Ihr Fall ist so atypisch wie alle anderen«, fuhr Ball fort, »deshalb ist er eigentlich erst recht typisch. Für dieses Leiden gibt es einen häßlichen lateinischen Fachausdruck, aber . . . nun, Ashtons Krankheit genügt auch.«

»Schon gut!« antwortete Pareti aufgebracht. »Wissen Sie das bestimmt?«

»Wofür bekommen Sie Ihrer Meinung nach die Gefahrenzulage? Warum bin ich wohl an Bord? Ich bin kein praktischer Arzt, ich bin Facharzt. Natürlich weiß ich das bestimmt. Sie sind erst der sechste Fall, den die Wissenschaft kennt. Können Sie sich vorstellen, welches Aufsehen mein Bericht über den Fall Pareti in Fachkreisen erregen wird? Vielleicht bringt sogar der *Scientific American* einen Artikel darüber.«

»Was können Sie für mich tun?« knurrte Pareti.

»Ich kann Ihnen einen Drink anbieten – einen ausgezeichneten Bourbon aus der guten alten Zeit vor dem Krieg«, antwortete Dr. Ball. »Kein Mittel gegen Ihr Leiden, aber gut für den ganzen Menschen, wenn Sie wissen, was ich meine.«

»Sparen Sie sich diesen Unsinn! Für mich ist das überhaupt nicht lustig. Gibt es wirklich kein Mittel dagegen? Sie sind doch ein Facharzt!«

Ball schien erst jetzt zu merken, daß sein schwarzer Humor nicht gerade begeistert aufgenommen wurde. »Mr. Pareti«, erwiderte er, »für die ärztliche Wissenschaft gibt es nichts Unmögliches – selbst die Wiederbelebung klinisch Toter gilt nicht von vornherein als ausgeschlossen. Aber diese Feststellung hat nur theoretischen Wert. Es gibt viele Dinge, die wir versuchen könnten. Wir könnten Sie in ein Krankenhausbett stecken, mit Medikamenten vollpumpen und einer ganzen Anzahl von Experimenten unterwerfen. Aber das alles würde nur bewirken, daß Sie sich verdammt unbehaglich fühlen würden. Nach dem gegegnwärtigen Stand unseres Wissens ist Ashtons Krankheit unheilbar und . . . äh . . . tödlich.«

Pareti schluckte, als er das letzte Wort hörte.

Seltsamerweise lächelte Ball und fügte hinzu: »Ich kann Ihnen nur raten, sich damit abzufinden und diesen neuartigen Zustand zu genießen.«

Pareti trat wütend einen Schritt auf ihn zu. »Morbider Hundesohn!«

»Bitte entschuldigen Sie meine Heiterkeit!« sagte der Arzt rasch. »Ich weiß, daß ich einen schrecklichen Sinn für Humor habe. Ich freue mich keineswegs über Ihre Krankheit, das dürfen Sie nicht glauben. Ich langweile mich hier nur sehr und bin froh, etwas zu tun zu haben. Aber ich merke, daß Sie nicht über Ashtons Krankheit informiert sind . . . unter Umständen können Sie ganz behaglich damit leben.«

»Ich dachte, Sie hätten gesagt, die Krankheit sei tödlich?«

»Das habe ich auch gesagt. Andererseits ist alles tödlich, selbst Gesundheit oder das Leben. Die Frage lautet nur: Wann und wie tritt der Tod ein?«

Pareti ließ sich in einen Sessel fallen. »Ich habe das Gefühl, daß Sie mir einen Vortrag halten wollen«, murmelte er erschöpft.

»Entschuldigen Sie bitte. Aber für mich ist es hier sehr langweilig, und . . .«

»Schon gut!« unterbrach Pareti ihn. »Reden Sie in Gottes Namen.«

»Nun, die Antwort ist mehrdeutig, aber durchaus nicht entmutigend«, begann Ball seinen Vortrag. »Wenn ich mich recht erinnere, habe ich schon erwähnt, daß das atypische Krankehitsbild für Ashtons Krankheit typisch ist. Befassen wir uns also mit Ihren Vorgängern.

Fall eins ist innerhalb einer Woche nach der Ansteckung gestorben, weil eine Lungenentzündung hinzukam, die . . .«

»Prima!« sagte Pareti resigniert.

»Aber Sie müssen auch an Fall zwei denken!« mahnte

Ball. »Fall zwei war Claude Ashton, nach dem Ihre Krankheit benannt ist. Er wurde unglaublich redegewandt und geradezu geschwätzig. Eines Tages erhob er sich vor Hunderten von Zuschauern etwa sechs Meter hoch, blieb dort schweben und redete in einer selbsterfundenen Sprahe auf die Leute ein. Dann löste er sich plötzlich in Luft auf und wurde nie mehr gesehen. Daher der Name Ashtons Krankheit. Fall drei . . .«

»Was ist aus Ashton geworden?« erkundigte Pareti sich fast hysterisch.

Ball breitete wortlos die Hände aus.

Pareti starrte zu Boden.

»Fall drei mußte feststellen, daß er zwar unter Wasser, aber nicht an der Luft leben konnte. Er hat zwei glückliche Jahre zwischen den Korallenriffen vor Marathon, Florida, verbracht.«

»Was ist ihm zugestoßen?« wollte Pareti wissen.

»Ein paar Delphine haben ihn umgebracht. Das war der erste Fall, in dem Delphine einen Menschen angegriffen haben. Wir haben us oft überlegt, was er zu ihnen gesagt haben mag.«

»Und die anderen?«

»Fall vier wohnt augenblicklich in der Ausable-Schlucht«, antwortete der Arzt. »Er züchtet dort Champignons und ist damit reich geworden. Bei ihm scheint sich die Krankheit nur durch den Verlust aller Haare und abgestorbener Hautschichten bemerkbar zu machen. In dieser Beziehung gleichen sich Ihre Fälle, aber das braucht nichts zu bedeuten. Er kommt natürlich sehr gut mit Champignons zurecht.«

»Das klingt nicht übel«, meinte Pareti getröstet.

»Vielleicht. Aber Fall fünf hat Pech gehabt. Sein Körper hat nacheinander einen Chitinpanzer, Fühler, Schuppen, Beinpaare und Federn entwickelt, als wisse er nicht recht, was er werden wolle. Schließlich hat er sich für eine Art Regenwurm entschieden; allerdings für eine Spezies, die ohne Sauerstoff auszukommen scheint. Als er zuletzt gesehen wurde, grub er sich bei Point Judith in den sandigen Boden. Mit Horchgeräten ließ sich sein Weg einige Monate lang verfolgen – bis nach Pennsylvanien.«

Pareti fuhr zusammen. »Ist er dann gestorben?«

Dr. Ball breitete wieder die Hände aus. »Das wissen wir nicht. Vielleicht hat er sich nur vergraben und pflanzt sich durch Parthenogenese fort. Oder er hat sich längst zu etwas anderem weiterentwickelt.«

Pareti faltete seine unbehaaarten Hände und zitterte wie ein ängstliches Kind. »Großer Gott!« murmelte er. »Das sind ja herrliche Aussichten. Darauf kann ich mich wirklich schon jetzt freuen.«

»Ihre Krankheit köbnte gutartig verlaufen«, stellte Ball fest.

Pareti sah irritiert zu ihm auf. »Das gefällt Ihnen wohl, was? Sie hocken hier in Ihrem Lazarett und lachen sich krumm und schief, während das Plankton über jemand herfällt, den Sie noch nie gesehen haben. Wie kommen Sie eigentlich dazu, sich . . .«

»Mir dürfen Sie nicht die Schuld daran geben, Mr. Pareti«, unterbrach ihn der Arzt. »Sie haben sich diese Arbeit ausgesucht, nicht ich. Sie sind über die damit verbundenen Risiken belehrt worden.«

»Aber ich habe immer nur gehört, daß kaum jemand die Planktonkrankheit bekommt!« warf Pareti erbittert ein. »Das hat alles im kleingedruckten Teil des Vertrags gestanden.«

»Aber Sie sind über die Risiken belehrt worden«, fuhr Dr. Ball fort, »und Sie haben von Anfang an eine Gefahrenzulage bekommen. In diesen drei Jahren haben Sie sich nie darüber beschwert, daß immer mehr Geld auf Ihr Konto überwiesen wurde. An Ihrer Stelle würde ich jetzt nicht jammern. Schließlich verdienen Sie etwa achtmal soviel wie ich. Dafür kann man sich schon eine Menge Balsam kaufen.«

»Ja, ich habe eine Gefahrenzulage bekommen«, knurrte Pareti, »und jetzt verdiene ich sie mir wirklich. Die Firma . . .«

»Die Firma hat keinerlei Verantwortung Ihnen gegenüber«, unterbrach der Arzt ihn. »Sie hätten das Kleingedruckte wirklich besser lesen müssen, Mr. Pareti. Aber Sie haben recht: Sie verdienen sich jetzt Ihre Gefahrenzulage. Tatsächlich hat man Sie nämlich dafür bezahlt, sich der Ansteckungsgefahr auszusetzen. Sie haben mit der Firma um Ihr Gehalt gewettet, daß Sie nicht auch Ashtons Krankheit bekommen würden. Sie haben mit hohem Einsatz gespielt – und nun scheinen Sie leider verloren zu haben.«

»Ich verlange kein Mitleid von Ihnen«, stellte Pareti mürrisch fest. »Das wäre ohnehin zuviel erwartet, glaube ich. Aber ich verlange Ihren ärztlichen Rat, für den Sie von der Firma bezahlt werden – überbezahlt, wenn Sie mich fragen. Ich möchte wissen, was ich tun soll . . . und was ich voraussichtlich zu erwarten habe.«

Ball zuckte mit den Schultern. »Sie müssen natürlich mit dem Unerwarteten rechnen. Sie sind erst der sechste Fall, wissen Sie. Bisher hat sich noch kein bestimmtes Schema herausgeschält. Die Krankheit ist so labil wie die Planktonmutation, von der sie hervorgerufen wird. Das einzige Sympton, das regelmäßig aufzutreten scheint – ich weiß allerdings nicht, ob das Wort ›regelmäßig‹ schon angebracht ist . . .«

»Reden Sie doch nicht lange herum, Mann! Sagen Sie schon, was Sie sagen wollen!«

Ball schob nachdenklich die Unterlippe vor, bevor er antwortete. »Das gemeinsame Symptom sieht folgendermaßen aus: Das Verhältnis zwischen dem Kranken und seiner Umwelt verändert sich durchgreifend. Dabei kann es sich um *belebte* Transformationen handeln, bei denen dem Kranken ein Chitinpanzer wächst, oder um *unbelebte*, wie wir sie im Fall Ashton gesehen haben, wo der Kranke sich in der Luft schwebend halten konnte.«

»Und was ist mit dem vierten Fall?« erkundigte Pareti sich zweifelnd. »Dieser Mann lebt doch noch und ist völlig normal, nicht wahr?«

»Er ist kaum als normal zu bezeichnen«, antwortete Ball. »Sein Verhältnis zu den Champignons hat schon Ähnlichkeit mit pervertierter Liebe; übrigens auf Gegenseitigkeit, wenn ich das noch bemerken darf. Einige Kollegen, die ihn über längere Zeit hinweg beobachtet haben, sind der Meinung, er sei selbst eine Art intelligenter Pilz geworden.«

Pareti biß sich auf seinen Daumennagel. »Gibt es wirklich gar kein Mittel dagegen?« fragte er verzweifelt.

Dr. Ball warf ihm einen tadelnden Blick zu. »Dieses Gejammer hilft Ihnen nichts. Wahrscheinlich ist Ihnen überhaupt nicht zu helfen. Soviel ich gehört habe, hat Fall fünf versucht, die Wirkung der Krankheit so lange wie möglich zu unterdrücken – durch Willenskraft oder Konzentration . . . oder ähnlichen Blödsinn.«

»Hat es geklappt?«

»Vielleicht für einige Zeit. Natürlich gab es keine Möglichkeit, den Erfolg zu kontrollieren. Jedenfalls waren die Ärzte bald auf Vermutungen angewiesen, weil die Krankheit von ihm Besitz ergriff.«

»Aber das ist möglich?« fragte Pareti gespannt.

Ball zuckte mit den Schultern. »Ja, Mr. Pareti, es scheint möglich zu sein.« Er schüttelte den Kopf, als begreife er Paretis Reaktion nicht recht. »Denken Sie immer daran, daß alle Fälle unterschiedlich verlaufen sind. Ich weiß nicht, welche Freuden Sie zu erwarten haben, aber sie dürften jedenfalls ungewöhnlich sein.«

Pareti stand auf. »Ich werde mich dagegen wehren. Ich gebe nicht so schnell auf wie die anderen.«

Dr. Ball machte ein abweisendes Gesicht. »Das bezweifle ich sehr, Pareti. Ich habe die anderen nie persönlich kennengelernt, aber sie scheinen allen Beschreibungen nach wesentlich stärker als Sie gewesen zu sein.«

»Warum? Nur weil ich über Ihre Mitteilung entsetzt war?« wollte Pareti wissen.

»Nein, sondern weil Sie ein Waschlappen sind.«

»Und Sie sind der unverschämteste Kerl, der mir je unter die Augen gekommen ist!« Pareti starrte den Arzt wütend an. »Kennen Sie denn gar kein Mitleid?«

»Ich denke nicht daran, Tränen zu vergießen, nur weil Sie sich Ashtons Krankheit geholt haben. Sie haben gespielt und verloren. Jammern Sie also nicht!«

»Das haben Sie schon einmal gesagt, Doktor.«

»Dann sage ich es nochmals!«

»Ist das alles, was ich von Ihnen zu erwarten habe?« erkundigte Pareti sich.

»Von mir ist das alles«, antwortete der Arzt. »Aber es ist nicht alles, was Sie zu erwarten haben – darauf können Sie Gift nehmen!«

»Sie haben mir jedenfalls nichts mehr zu sagen?« drängte Pareti.

Dr. Ball nickte grinsend. Pareti trat daraufhin rasch auf ihn zu, holte mit der rechten Faust aus und traf die Magengrube des anderen. Die Augen des Arztes drohten aus ihren Höhlen zu quellen, während er gleichzeitig kreidebleich wurde. Pareti hielt Balls Kinn mit der linken

Hand hoch und traf seine Nase mit einer rechten Geraden.

Ball taumelte rückwärts, prallte gegen den Instrumentenschrank und schlug die verglaste Tür ein. Dann rutschte er langsam zu Boden und blieb dort hocken – noch immer bei Bewußtsein, aber vor Schmerzen halb benommen. Er sah zu Pareti auf, als der Ernter zur Tür ging. Pareti drehte sich kurz um und lächelte zum erstenmal, seitdem er das Schiffslazarett betreten hatte.

»Ihr Benehmen am Krankenbett läßt zu wünschen übrig, Doktor«, stellte er fest.

Dann ging er.

*

Pareti mußte den Texas Tower innerhalb einer Stunde verlassen, wie das Gesetz es vorschrieb. Er bekam eine Schlußabrechnung für die Neunmonatsschicht, für die er sich ursprünglich verpflichtet hatte. Dazu kam noch ein reichlich bemessenes Übergangsgeld. Obwohl jeder wußte, daß Ashtons Krankheit nicht ansteckend war, verabschiedete Peggy Flinn sich nur flüchtig und ohne Kuß von ihm, als sie Pareti auf dem Weg zur Schleuse begegnete. Sie gab ihm nicht einmal die Hand. »Schlampe«, murmelte er vor sich hin, aber sie hörte trotzdem, was er sagte.

Die Firma hatte einen Hubschrauber geschickt, der ihn abholte. Die Maschine bot fünfzehn Passagieren Platz und enthielt eine Bar, an der zwei hübsche Stewardessen auf Gäste warteten. Bevor Pareti an Bord ging, sprach der Projektleiter seines ehemaligen Texas Towers mit ihm.

»Sie sind nicht mit einem Tbc-Kranken zu vergleichen, Pareti«, erklärte ihm der Projektleiter. »Ihre Krankheit ist nicht ansteckend. Sie ist nur häßlich und unberechenbar, soviel ich gehört habe. Theoretisch stehen Sie nicht unter Quarantäne; Sie können sich überall frei bewegen. Aber Sie sind sich vermutlich darüber im klaren, daß Ihre Anwesenheit in den Oberflächenstädten unangenehmes Aufsehen erregen würde. Allerdings verpassen Sie dadurch nicht viel . . . unter der Erde ist ohnehin mehr los.«

Pareti nickte schweigend. Seine erste unbeherrschte Reaktion war längst vergessen. Er war jetzt entschlossen, Ashtons Krankheit durch bloße Willenskraft zu besiegen.

»War das alles?« fragte er den Projektleiter.

Der Mann nickte und streckte ihm die Hand entgegen.

Pareti zögerte kurz. Dann schüttelte er sie.

Als Pareti die Rampe hinaufstieg, um an Bord des großen Hubschraubers zu gehen, rief der Projektleiter ihm nach: »He, Pareti!«

Joe drehte sich um.

»Freut mich, daß Sie's diesem Hundesohn Ball gezeigt haben!« sagte der andere grinsend. »Das wollte ich schon seit sechs Jahren!«

Joe Pareti rang sich ein tapferes Lächeln ab, bevor er an Bord des Hubschraubers ging und dadurch von seiner vertrauten Umgebung Abschied nahm, um in die reale Welt zurückzukehren.

*

Er konnte sich sein Ziel selbst aussuchen und würde mit dem Hubschrauber hingeflogen werden. Er entschied sich für Ost-Pyrit. Wenn er sein in dreijähriger Arbeit verdientes Geld schon zum Aufbau einer Existenz verwenden wollte, würde er es erst tun, nachdem er noch einmal richtig Urlaub gemacht hatte. Seit neun Monaten hatte er nichts Aufregendes mehr erlebt – Peggy Flinn war wirklich nicht gerade aufregend gewesen –, und er wollte seinen Spaß haben, bevor er sich irgendwo zur Ruhe setzte.

Eine der Stewardessen, die eine durchsichtige kurze Tunika trug, blieb neben seinem Sessel stehen und lächelte auf ihn herab. »Darf ich Ihnen einen Drink bringen?«

Pareti dachte bei ihrem Anblick an etwas ganz anderes als an Alkohol. Sie war eine vollbusige, langbeinige Schönheit mit türkisgrünem Haar. Aber er wußte, daß sie von seiner Krankheit erfahren hatte. Folglich würde sie wie Peggy Flinn reagieren.

Er erwiderte ihr Lächeln und stellte sich vor, was sich alles mit ihr anfangen ließe, wenn . . . Sie nahm seine Hand, zog ihn hoch und führte ihn nach hinten in die winzige Kabine, in der sie und ihre Kollegin auf langen Flügen abwechselnd schliefen. Sie schob Pareti vor sich her, verriegelte die Tür und ließ ihre Tunika fallen. Pareti war so verblüfft, daß sie ihn ausziehen mußte. In dem kleinen Raum war es etwas eng, aber die Stewardeß wurde erstaunlich rasch damit fertig.

Als sie sich dann geliebt hatten, murmelte die Türkisgrüne etwas, das so klang, als habe sie Pareti einfach nicht widerstehen können, hob ihre Tunika vom Boden auf und floh geradezu aus der Kabine, ohne sich die Mühe zu machen, ihr einziges Kleidungsstück vorher anzuziehen.

Pareti betrachtete sich im Spiegel. Wieder einmal. Er tat heute fast nichts anderes, als in Spiegel zu starren. Er hatte einen kahlen Pareti vor sich. Dann fiel ihm ein, daß die Planktonkrankheit unter Umständen eine angenehme Nebenwirkung haben konnte, indem sie ihn Frauen gegenüber unwiderstehlich machte. Plötzlich brachte er es nicht mehr über sich, das Plankton zu verfluchen.

Er stellte sich vor, welche Freuden ihn erwarteten, falls das Plankton ihn beispielsweise so groß wie ein Pferd werden ließ oder seine Anziehungskraft Frauen gegenüber noch mehr steigerte oder . . .

Er gab sich einen Ruck.

Nein, danke! Das war den anderen fünf passiert. Das Plankton hatte sich ihrer bemächtigt. Es hatte mit ihnen getan, was ihm gerade gefiel. Aber er würde dagegen ankämpfen! Er würde seinen Körper gegen diese Invasion verteidigen – von seinem kahlen Kopf bis zu den hornhautlosen Sohlen seiner Füße.

Er zog sich an.

Auch das kam nicht wieder in Frage. Er hatte nicht die Absicht, sich nochmals wie eben verführen zu lassen. Aber er mußte immerhin zugeben, daß das Plankton nicht nur seine Anziehungskraft, sondern auch seine persönliche Empfindungsfähigkeit gesteigert zu haben schien. So gut hatte es ihm noch nie gefallen.

Er wollte sich in Ost-Pyrit etwas amüsieren, bevor er sich an der Oberfläche ein Stück Land kaufte, die richtige Frau heiratete und sich eine gutbezahlte Stellung in irgendeiner Firma suchte.

Er ging an seinen Platz zurück. Jetzt hatte die zweite Stewardeß Dienst. Sie sagte nichts, aber ihre Kollegin blieb bis zur Landung verschwunden, und die zweite Stewardeß warf Joe hungrige Blicke zu.

*

Ost-Pyrit, Nevada, war 137 Kilometer von der radioaktiven Geisterstadt entfernt, die früher als Las Vegas bekannt gewesen war. Sie lag außerdem drei Kilometer tiefer und zählte nach Ansicht ihrer Bewohner zu den zehn neuen Weltwundern. Ost-Pyrit war dem Laster in allen Erscheinungsformen so sehr ergeben, daß seine Bewohner schon wieder puritanisch wirkten. In Ost-Pyrit war der Wahlspruch geprägt worden: VERGNÜGEN IST EINE ERNSTE PFLICHT, DIE UNS DIE WELT AUFERLEGT.

In Ost-Pyrit waren die Fruchtbarkeitskulte des Altertums zu neuer Blüte gelangt; ihre Riten wurden mit tödlichem Ernst zelebriert. Pareti konnte sich davon überzeugen, als er im siebzehnten Untergeschoß aus dem Lift trat. Mitten auf der Kreuzung zwischen der Dude Avenue und dem Gold Dust Boulevard fand ein Massentreffen zwischen fünfzig männlichen Ischtar-Anhängern und zehn schönen Mädchen statt, die an ihrem Kopfschmuck als Töchter Cybeles zu erkennen waren.

Pareti machte vorsichtshalber einen weiten Bogen um diese Menschenmenge. Die Beteiligten schienen sich gut zu amüsieren, aber er hatte nicht die Absicht, dem Plankton dabei zu helfen, die Herrschaft über seinen Körper zu gewinnen.

Er nahm sich ein Taxi und machte eine Rundfahrt. Im Tempel der Fremden waren die Töchter der besten Familien von Ost-Pyrit Freudenmädchen. Im Sonnenhof wurden Unfromme öffentlich hingerichtet. Das Christentum hatte hier längst ausgespielt; es machte nicht Spaß genug.

Nevada war früher wegen seiner Glücksspiele berühmt gewesen. Auch jetzt noch wurde überall gespielt, aber die Spiele hatten sich geändert. Die Behauptung »Dafür würde ich meine Hand ins Feuer legen« oder die gedankenlos ausgesprochene Aufforderung »Darauf kannst du dein Leben verwetten«, hatte in Ost-Pyrit eine ernste, oft sogar eine todernste Bedeutung bekommen.

Viele der Vergnügungen in Ost-Pyrit verstießen gegen die Gesetze, die an der Oberfläche galten; andere waren unsinnig, wieder andere waren geradezu unvorstellbar.

Pareti fühlte sich sofort wie zu Hause.

Er entschied sich für ein Hotel neben der Halle der Perversionen und gegenüber den weitläufigen grünen Foltergärten. In seinem Zimmer duschte er, zog sich um und überlegte, was er als nächstes tun sollte. Natürlich würde er im Schlachthaus zu Abend essen. Danach konnte er sich einige Zeit im warmen Halbdunkel des Schlammbad-Klubs erholen, bevor er . . .

Er spürte plötzlich, daß er nicht allein war. Irgend jemand oder irgend etwas war in seinem Zimmer.

Er sah sich um. Auf den ersten Blick schien sich nichts verändert zu haben – aber er hätte schwören können, daß er seine Jacke auf den Sessel gelegt hatte. Jetzt lag sie auf dem Bett in seiner Nähe.

Pareti zögerte, gab sich einen Ruck und griff nach der Jacke. Das Kleidungsstück glitt davon. »Fang mich doch!« forderte es ihn schelmisch auf. Er griff erneut danach, aber die Jacke entwischte ihm wieder.

Pareti starrte sie an. Drähte? Magnete? Ein Streich, den die Hotelleitung ihren Gästen spielte? Er wußte instinktiv, daß die Bewegungen und die Stimme seiner Jacke sich nicht auf natürliche Weise erklären ließen. Er biß die Zähne zusammen und schlich sich an.

Die Jacke flatterte lachend davon. Pareti trieb sie hinter dem Massagegerät in die Enge und brachte es fertig, einen Ärmel festzuhalten. *Ich muß dieses gottverdammte Ding verbrennen lassen!* überlegte er sich.

Die Jacke blieb einen Augenblick ganz ruhig liegen. Dann bäumte sie sich auf und kitzelte Paretis Handfläche.

Er kicherte unwillkürlich. Dann schleuderte er das

Kleidungsstück von sich und stürzte aus dem Zimmer.

Während er in die Hotelhalle hinunterfuhr, wurde ihm klar, daß dies der erste wirkliche Anfall gewesen war. Seine Krankheit hatte das Verhältnis zwischen ihm und einem Kleidungsstück verändert. Zwischen ihm und einem unbelebten Gegenstand. Das Plankton wurde kühner.

Was würde es als nächstes tun?

*

Pareti hastete durch die Straßen, ohne zu wissen, wohin er wollte. Seine Knie zitterten vor Angst. Das Ding, vor dem er floh, war in ihm; es pulsierte und wuchs in seinem Innern, es rannte mit ihm, es überholte ihn vielleicht schon. Aber diese sinnlose Flucht beruhigte ihn, gab ihm Gelegenheit, seine Gedanken zu ordnen.

Er setzte sich auf eine Parkbank unter einem obszön geformten purpurroten Laternenpfahl. Die Lichtreklamen in seiner Nähe waren auffällig, suggestiv und überdeutlich. Hier war es ruhig – nur in der Ferne erklang Musik –, denn Pareti befand sich auf dem weltberühmten Alkoholkater-Platz. Er hörte nichts außer leiser Musik und dem Stöhnen eines Touristen, der irgendwo unter den Büschen verröchelte.

Was konnte er nur tun? Er konnte sich wehren; er konnte die Auswirkungen von Ashtons Krankheit durch bloße Willenskraft unschädlich machen . . .

Eine Zeitung flatterte über die Straße und legte sich um seinen Fuß. Pareti wollte sie wegstoßen. Sie umklammerte seinen Schuh, und er hörte sie flüstern: »Bitte, bitte, verachte mich nicht, weil ich nur eine Zeitung bin.«

»Verschwinde!« kreischte Pareti. Er war entsetzt, als er

sah, daß die Zeitung versuchte, die Druckknöpfe seines Schuhs zu öffnen.

»Ich möchte deine Füße küssen«, bat die Zeitung. »Ist das so schrecklich? Ist das eine Sünde? Bin ich so häßlich?«

»Laß los!« brüllte Pareti und zerrte an der Zeitung, die jetzt ein Paar riesige weiße Lippen bildete.

Ein Mann kam vorbei, blieb stehen, starrte Pareti an und erkundigte sich: »Wie machst du das, Mac? So etwas hab' ich noch nie erlebt. Trittst du damit auf – oder ist das nur eine Privatvorstellung?«

»Voyeur!« zischte die Zeitung aufgebracht und flatterte die Straße entlang davon.

»Wie steuerst du sie?« wollte der Mann wissen. »Hast du einfach eine Fernsteuerung in der Tasche?«

Pareti schüttelte benommen den Kopf. Er fühlte sich plötzlich müde. »Hast du wirklich gesehen, wie sie meinen Fuß zu küssen versucht hat?«

»Klar, sonst wäre ich doch nicht stehengeblieben!« antwortete der Mann.

»Und ich habe schon gehofft, ich hätte vielleicht nur Halluzinationen«, murmelte Pareti. Er stand auf und ging schwankend weiter.

*

In einer düsteren Bar kippte er sechs Drinks nacheinander und mußte in die Öffentliche Ausnüchterungszelle an der nächsten Straßenecke gebracht werden. Er verfluchte die Pfleger, die ihn wieder zum Leben erweckten. Solange er betrunken war, brauchte er wenigstens nicht mit der Umwelt um seinen Verstand zu kämpfen.

Im Taj Mahal spielte er mit den Mädchen und zielte absichtlich schlecht, als er Messer nach den Mädchen warf, die sich auf dem großen Rad drehten. Er trennte einer Blondine das Ohr ab, traf eine Brünette zwischen die Beine, ohne sie zu verletzen, und hatte mit seinen übrigen Würfen noch weniger Glück. Das kostete ihn siebenhundert Dollar. Er beschwerte sich über diesen Betrug und wurde vor die Tür gesetzt.

In der Leopold Avenue vertrat ihm ein Kopfwechsler den Weg und offerierte ihm die unaussprechlichen Freuden einer illegalen Kopfwechseloperation durch einen Arzt, der »sauber und sehr billig« sein sollte. Pareti rief nach der Polizei, und der kleine Mann tauchte in der Menge unter.

Ein Taxifahrer schlug einen Besuch im Tal der Tränen vor. Pareti ließ sich hinfahren, obwohl der Name ihn wenig reizte, und fand sich in einer Slumgegend im 81. Untergeschoß wieder. Hier gab es trübe Straßenlaternen, finstere Kneipen, Opiumhöhlen, Halluzinogen-Bars und schäbige kleine Spielsalons, in denen um minimale Einsätze gespielt wurde.

Lange Zeit später hockte Pareti wieder in dem Park, in dem die Zeitung sich an ihn herangemacht hatte. Er wußte nicht mehr, wie er hierher gekommen war. Aber er hatte eine nackte Zwergin auf die Brust tätowiert bekommen.

Pareti ging durch den Park und merkte bald, daß er einen wenig angenehmen Weg genommen hatte. Eine Esche streichelte seine Schultern, Zypressen sangen ein italienisches Liebeslied, und eine Trauerweide überschüttete ihn mit Tränen. Er rannte weiter, um den Schmeicheleien von Kirschbäumen und den Liebesschwüren der Pappeln zu entrinnen. Durch ihn wirkte sich seine Krankheit auf seine Umwelt aus. Er infizierte die Welt, durch die er schritt; er steckte keine Menschen an, sondern wurde statt dessen der unbelebten Welt gefährlich. Und die veränderte Welt liebte ihn; sie warb um ihn und versuchte, ihn für sich zu gewinnen. Pareti glich einem Gott, er war ein unbewegter Beweger, der nicht imstande war, seine unfreiwillige Schöpfung zu kontrollieren. Jetzt bemühte er sich, Ruhe zu bewahren und den Leidenschaften einer bisher stummen Welt zu entkommen.

Er begegnete einer Bande jugendlicher Krimineller, die ihm für ein paar Dollar eine kräftige Abreibung versprachen, aber er lehnte ihr Angebot ab und stolperte weiter.

Pareti kam auf dem Sade Boulevard heraus, aber selbst hier fand er keine Ruhe. Er hörte, was die Randsteine sich über ihn zuflüsterten, und erschrak, als die Zebrastreifen unter ihm zu reden begannen.

»Ist er nicht wunderbar?«

»Bilde dir nur keine Schwchheiten ein – dich sieht er sowieso nicht an.«

»Gemeines Aas!«

»Für dich hat er nicht einmal einen Blick übrig, sage ich dir.«

»Doch! He, Joe . . .«

»Siehst du, was habe ich gesagt? Er hat sich nicht einmal umgedreht!«

»Aber er muß doch! Joe, Joe, hier bin ich, gleich hinter dir . . .«

Pareti drehte sich um und schrie: »Für mich sieht ein Zebrastreifen wie der andere aus! Wer einen kennt, kennt auch alle anderen.«

Das brachte sie zum Schweigen, Gott sei Dank. Aber Sekunden später erlebte Pareti bereits die nächste unangenehme Überraschung:

Die Neonleuchttafel über der Sex City, die mit Niedrigstpreisen warb, begann wild zu flackern. Die Buchstaben wirbelten durcheinander, erloschen, flammten wieder auf und bildeten einen neuen Text: ICH BIN EINE LEUCHTTAFEL – UND ICH BEWUNDERE JOE PARETI!

Eine Menschenmenge hatte sich angesammelt, um das Phänomen zu beobachten. »Wer, zum Teufel, ist dieser Joe Pareti eigentlich?« fragte eine Frau laut.

»Ein Opfer der Liebe«, erklärte Pareti ihr. »Sprich leise, sonst ist die nächste Leiche, die du siehst, vielleicht schon deine eigene.«

»Du spinnst ja!« stellte sie fest.

»Leider nicht, fürchte ich«, antwortete Pareti höflich, aber mit einem irren Grinsen. »Ich möchte natürlich gern verrückt sein. Aber ich wage nicht, darauf zu hoffen, daß ich diesen Zustand erreiche.«

Sie starrte ihm nach, als er das Tor aufstieß und die Sex City betrat. Sie traute ihren Augen nicht, als die Klinke ihm freundschaftlich auf den verlängerten Rücken klopfte.

*

»Die Sache funktioniert folgendermaßen«, sagte der Verkäufer. »Befriedigung ist kein Problem; es handelt sich darum, Begierden zu haben, verstanden? Begierden, Wünsche, Leidenschaften – sie alle sterben durch die Befriedigung und müssen durch neue, andere ersetzt werden. Massenhaft Leute wünschen sich perverse Leidenschaften, aber sie schaffen es nicht, weil sie ihr Leben lang brav und anständig gelebt haben. Aber hier im Impuls-Transplantations-Zentrum könnten wir dafür sorgen, daß der Patient alles mag, was er mögen will.«

Er hielt Paretis Ärmel mit einem Touristengreifer fest – einer gummibeschichteten Klammer am Ende eines Teleskoparms, mit dem er ahnungslose Passanten zu sich heranzog, um ihnen das ITZ anzupreisen.

»Danke, ich überlege mir die Sache noch«, antwortete Pareti und bemühte sich – zunächst erfolglos –, den Touristengreifer abzuschütteln.

»Augenblick, Mac, nicht so hastig! Paß auf, wir haben ein spezielles Sonderangebot, eine wirkliche Preissensation. Das Angebot gilt nur diese Stunde! Was hältst du davon, wenn wir dein Interesse für Päderastie wecken? Das ist eine wirklich hochwertige Leidenschaft, die noch nicht allzu viele Anhänger hat. Oder du entscheidest dich für Sodomie . . . oder du nimmst beide und bekommst sie zu einem nochmals herabgesetzten Werbesonderpreis, der . . .«

Pareti schaffte es, die Klammer von seinem Ärmel zu lösen. Er eilte weiter, ohne sich noch einmal umzudrehen. Er wußte, wie gefährlich es war, sich Impulse von solchen Quacksalbern einpflanzen zu lassen. Einer seiner Freunde hatte diesen Fehler gemacht, als er auf Landurlaub in Ost-Pyrit war: er hatte nach der Operation eine Leidenschaft für Kies entwickelt, hatte sich damit vollgestopft und war nach drei Stunden gestorben.

In den engen Gassen der Sex City herrschte reges Leben. Wochenendurlauber, Touristen und Neugierige schoben und drängten sich im Scheinwerferlicht an ungezählten Verlockungen vorbei und atmeten den bläulichen Marihuanarauch ein, der aus winzigen Düsen strömte. Pareti brauchte Ruhe; er wollte mit seinen Gedanken allein sein.

Er schlüpfte in eine Spukbude. Nachdem er seinen Silberdollar eingeworfen hatte, erlosch die Deckenbeleuchtung. Pareti lehnte sich in den Sessel zurück, schloß die Augen und hörte ein unheimliches Seufzen . . .

Dann wurde die Tür geöffnet. Eine schwarzhaarige Schönheit in der Uniform einer Sexhosteß fragte: »Mr. Joseph Pareti?«

Er nickte. »Ja, was gibt's?«

»Entschuldigen Sie die Störung, Sir. Ein Gespräch für Sie.« Sie gab ihm das Telefon, tätschelte dabei seine Hand, ging hinaus und schloß die Tür hinter sich. Pareti starrte das Telefon an. Es klingelte. Er nahm den Hörer ab. »Ja?«

»Hallo, Joe!«

»Wer ist dort?«

»Dein Telefon, Dummkopf. Wer denn sonst?«

»Das halte ich nicht mehr aus! Hör auf damit! Ich will dich nicht sprechen hören.«

»Sprechen ist einfach«, sagte das Telefon. »Es ist viel schwieriger, sich etwas Vernünftiges einfallen zu lassen.«

»Gut, was willst du also sagen?«

»Eigentlich nicht viel. Ich wollte dir nur mitteilen, daß Bird irgendwo und irgendwie lebt.«

»Bird? Bird, Soundso? Was soll der Unsinn?«

Pareti bekam keine Antwort. Das Telefon hatte aufgelegt.

Er stellte den Apparat neben seinen Sessel auf den Fußboden. Hoffentlich hatte er jetzt ein paar Minuten lang Ruhe! Aber das Telefon klingelte schon wieder. Als er den Hörer nicht gleich abnahm, wurde das Klingeln zu einem lauten Dauerton. Er hob ab.

»Ja?« knurrte er.

»Hallo, Joe«, sagte eine melodische Stimme.

»Mit wem spreche ich diesmal?«

»Mit deinem Telefon, mein Lieber. Ich habe vorhin schon einmal angerufen. Gefällt dir diese Stimme besser?«

»Warum läßt du mich nicht in Ruhe?« Pareti schluchzte beinahe.

»Wie kann ich das, Joe?« fragte das Telefon. »Ich liebe

dich doch! Oh, Joe, Joe, ich habe mich so bemüht, dir zu gefallen. Aber du bist so launisch, Schatz, daß ich dich einfach nicht verstehe. Ich war ein wirklich hübscher Kirschbaum, und du hast mich kaum angesehen! Ich war eine Zeitung, und du hast nicht einmal gelesen, was ich über dich geschrieben habe, du undankbarer Kerl!«

»Du bist meine Krankheit«, sagte Pareti unsicher. »Laß mich in Ruhe!«

»Ich? Eine Krankheit?« fragte das Telefon leicht gekränkt. »Oh, wie kannst du das zu mir sagen, Liebling? Wie kannst du den Gleichgültigen spielen, nachdem wir einander soviel bedeutet haben?«

»Ich weiß gar nicht, wovon du redest«, antwortete Pareti.

»Natürlich weiß du das! Du bist jeden Tag zu mir aufs warme Meer hinausgekommen, Joe. Ich war damals noch jung und dumm; ich habe dich mißverstanden; ich habe versucht, mich von dir zu verstecken. Aber du hast mich aus dem Wasser gehoben; du hast mich in deine Nähe geholt; du warst geduldig und freundlich, und ich bin allmählich vernünftiger geworden. Ich habe manchmal sogar versucht, die Stange hinaufzuklettern, um deine Finger zu küssen und . . .«

»Hör auf!« Pareti wurde es schwarz vor den Augen. Das war blanker Wahnsinn! Alles wurde etwas anderes, die Welt und der winzige Raum, in dem er sich befand, schienen sich rasend schnell um ihn zu drehen. »Du irrst dich wirklich, wenn du dir einbildest, ich . . .«

»Nein, ich irre mich nicht!« unterbrach ihn das Telefon indigniert. »Du hast mir Kosenamen gegeben, ich war dein verfluchtes Plankton! Ich gebe zu, daß ich es vor dir schon mit anderen Männern versucht habe, Joe. Aber schließlich hast du früher auch Freundinnen gehabt, bevor wir uns kennengelernt haben – deshalb brauchen wir uns die Vergangenheit nicht gegenseitig vorzuwerfen. Aber selbst bei den anderen fünf, mit denen ich es versucht habe, ist es mir nie gelungen, das zu werden, was ich sein wollte. Kannst du dir vorstellen, wie frustrierend das für mich war, Joe? Kannst du das? Ich hatte das ganze Leben vor mir und wußte nicht, was ich damit anfangen sollte. Wie man sich formt, so lebt man, weißt du, und ich war völlig verwirrt, bis ich dir begegnet bin . . . Bitte entschuldige, daß ich soviel schwatze, Liebling, aber dies ist die erste Gelegenheit, richtig mit dir zu sprechen.«

Pareti schüttelte den Kopf, als könne er dadurch klarer denken. Er begriff plötzlich alles. Sie hatten das Plankton unterschätzt. Es war ein junger Organismus gewesen, stumm, aber intelligent und von einem einzigen leidenschaftlichen Wunsch beseelt. Es sehnte sich nach einer Form. Es entwickelte sich . . . wozu?

»Joe, was hältst du davon? Was soll ich werden? Wie würdest du mich am liebsten sehen?«

»Könntest du dich in ein Mädchen verwandeln?« fragte Pareti schüchtern.

»Leider nicht, fürchte ich«, antwortete das Telefon. »Ich habe es schon ein paarmal versucht, und ich habe versucht, ein hübscher Collie oder ein Pferd zu sein. Aber ich habe es nie richtig geschafft – jedenfalls hatte ich immer das Gefühl, nur eine schlechte Kopie zu sein. Ich meine, solche Formen entsprechen einfach nicht meinem wahren Ich. Aber such dir doch etwas anderes aus!«

»Nein!« brüllte Pareti. Er hätte einen Augenblick lang beinahe mitgespielt. Diese Verrücktheit war ansteckend.

»Ich könnte ein Teppich unter deinen Füßen sein – oder ich könnte deine Unterwäsche werden, falls dir das nicht zu gewagt erscheint. Ich . . .«

»Verdammt nochmal, ich liebe dich nicht!« kreischte

Pareti. »Du bist nichts anderes als häßliches graues Plankton! Ich hasse dich, ich verabscheue dich! Du bist eine Krankheit . . . warum suchst du dir nicht jemand wie dich, den du lieben kannst?«

»Ich bin die einzige meiner Art«, schluchzte das Telefon. »Und außerdem liebe ich dich!«

»Aber du bist mir völlig gleichgültig!«

»Du bist grausam.«

»Du stinkst, du bist häßlich. Ich liebe dich nicht, ich habe dich nie geliebt!«

»Sag das nicht, Joe«, warnte ihn das Telefon.

»Ich sage es trotzdem! Ich habe dich nie geliebt, ich habe dich nur ausgenützt! Ich will deine Liebe nicht, von deiner Liebe wird mir schlecht, verstanden?«

Er wartete auf eine Antwort, aber aus dem Telefon kam nur betroffenes Schweigen. Dann hörte er das Amtszeichen. Das Telefon hatte aufgelegt.

*

Pareti ist in sein Hotelzimmer zurückgekehrt. Er sitzt in seinem luxuriösen Einzelzimmer, das alle Voraussetzungen für eine komfortable Liebesnacht bietet. Er ist ohne Zweifel liebenswert, aber er empfindet keine Liebe. Pareti liebt nicht. Das erkennen der Stuhl und das Bett und der leise klirrende Kronleuchter. Selbst die Kommode, die sonst nicht gerade für ihre Beobachtungsgabe berühmt ist, merkt deutlich, daß Pareti lieblos ist.

Das ist mehr als traurig; es ist ärgerlich. Es ist nicht nur ärgerlich; es ist zum Verrücktwerden! Die Liebe ist eine Aufgabe, eine Pflicht, ein Auftrag des Schicksals; ungeliebt zu sein, ist unerträglich. Kann das überhaupt sein? Ja, es ist wahr: Joe Pareti liebt seine ungeliebte Geliebte nicht.

Joe Pareti ist ein Mann. Er ist der sechste Mann, der die liebliche Liebe der liebenden Geliebten ausschlägt. Männer lieben nicht: Ist dieser Syllogismus ungerechtfertigt? Kann die abgewiesene Leidenschaft noch länger beherrscht werden?

Pareti hebt den Kopf und sieht an der gegenüberliegenden Wand einen Spiegel mit vergoldetem Rahmen. Er erinnert sich daran, daß ein Spiegel Alices Tor zum Wunderland war, daß ein Spiegel Orpheus in die Unterwelt geführt hat, und daß Cocteau Spiegel als Pforten der Hölle bezeichnet hat.

Er blickt in den Spiegel und merkt plötzlich, daß er aus dem Spiegel sieht.

Joe Pareti hat fünf neue Augen. Zwei an den Schlafzimmerwänden, eines an der Decke des Schlafzimmers, eines im Bad und eines im Flur. Er kann sich nicht recht erklären, wie er zu allen diesen Augen gekommen ist. Aber warum soll er sich darüber den Kopf zerbrechen? Pareti benützt sie lieber, solange er Gelegenheit dazu hat.

Er sieht durch seine neuen Augen und nimmt ganz neue Dinge wahr.

Dort steht die Couch – ein armes, trauriges Wesen mit Liebeskummer. Im Augenwinkel ist eben noch die Stehlampe erkennbar, deren gebeuger Nacken Zorn und Resignation verrät. Daneben einer der Sessel – ein auf vier Beinen sprungbereit zusammengekauertes Raubtier. Und hier drüben steht der Kleiderschrank: Hoch aufgerichtet, würdevoll, steif, zurückhaltend, von stummer Wut erfüllt.

Liebe ist stets riskant; aber Haß ist eine tödliche Gefahr. Das zeigt sich auch in diesem Fall.

Joe Pareti blickt aus den fünf Spiegeln und sagt zu sich selbst: *Ich sehe einen Mann, der auf einem Stuhl sitzt, und der Stuhl beißt ihn ins Bein.*

Der Kosmos, ein Ehedrama

Vor langer Zeit gab es keinen Raum, oder jedenfalls kaum welchen. Die endlosen Weiten des Universums waren mit solider Materie angefüllt. Es gab keine Sterne oder Planeten oder Galaxien. Es gab nur Materie, die fast alles ausfüllte, was wir heute Weltraum nennen. Von einem Ende des Universums bis zum anderen war alles miteinander verbunden.

Es passierte nicht viel damals, denn es gab keinen Platz dafür. Das Universum war langweilig, aber friedlich.

Es gab natürlich Unterschiede in der Dichte der Materie – schwere Gebiete hier, leichtere Zonen dort und zwischendrin durchschnittlich dichte Gegenden. Variationen eröffnen den Weg zur Differenzierung, aus der wiederum dann die Schöpfung entstand. Verschiedene Proto-Wesen tauchten auf der kosmischen Bühne auf und glitten zwischen den verschiedenen Dichten des Universums dahin. Es gab nur sehr wenige von ihnen, und sie trafen sich sehr selten. Das machte die Fortpflanzung schwierig, vergönnte ihnen aber ein ruhiges Leben. Es gab wenige Partys, aber jeder hatte viel Zeit zum Meditieren.

All das veränderte sich, als Ilvan die Szene betrat. Ilvan war der erste Hetero-Fresser. Alle anderen Proto-Wesen vor ihm waren Auto-Fresser gewesen, die davon lebten, ihre eigene Substanz zu verzehren. Je älter sie wurden, desto dünner wurden sie auch, bis sie schließlich einen kritischen Punkt unterschritten und völlig verschwanden. Unsere Redewendung ›er verzehrt sich in Erinnerungen‹ stammt aus dieser Zeit.

Ilvan war der erste, der andere statt sich selber verkonsumierte. Er war der Ur-Allesfresser, der erste und erfolgreichste einer langen Entwicklungslinie von

Hetero-Fressern, die nach ihm entstanden. Wir selbst sind ja ebenfalls Hetero-Fresser und müssen Ilvan daher als unseren Urahnen ansehen.

Zunächst verrichtete Ilvan sehr nützliche Arbeit. In einem Miliarden Jahre anhaltenden Heißhunger verschlang er die meiste Materie des Universums und schuf damit den Weltraum, wie wir ihn heute kennen. In jenen frühen Tagen gab es ja fast nichts anderes als Materie, so daß Ilvan es sich leisten konnte, verfressen und wählerisch zugleich zu sein. Die Sterne und Planeten der Gegenwart bestehen aus solchen Stoffen, die Ilvan nicht schmeckten. Die stoffliche Zusammensetzung unserer Welten spiegelt sehr genau Ilvans Geschmack wider – er besaß zum Beispiel eine Abneigung gegen Eisen, aber er mochte die seltenen Metalle (So wurden sie nämlich selten, denn am Anfang waren alle Stoffe gleich häufig im Universum vertreten).

Alles wäre in Ordnung gewesen, wenn Ilvan gewußt hätte, wann man aufhören muß. Aber die Gattung der Proto-Allesfresser, die nur aus Ilvan besteht, wußte nie, wann es genug war. Nachdem er alles andere gefressen hatte, machte Ilvan sich an die neu entstandenen Sterne und Planeten. Wie er selbst in seiner Autobiographie (›Memoiren des ersten und einzigen Proto-Allesfressers‹) schreibt, schmeckten die zuvor verschmähten Sonnen ganz passabel, viele waren recht scharf. Einige Planeten waren schwieriger zu assimilieren. Ilvan erzählt vom unangenehmen Geschmack von Ammoniak und Methan und dem Sodbrennen, das er regelmäßig nach Formaldehyden bekam. Doch, wie er ausführt, Nahrung ist Nahrung und sollte nie ohne Not ausgeschlagen werden.

Als die freßbare Materie des Universums dahinschwand, wurde auch Ilvan weniger. Das war für ihn kein besonderes Leid – ›eine Veränderung der Größe läßt alle Beziehungen in sich unverändert‹, schreibt er. Aber das ist nicht ganz richtig, denn die bescheidene Reduzierung von Ilvans Größe machte ihn potentiell durch jene Wesen verwundbar, die nicht von ihm gefressen werden wollten.

Ilvan erklärt ganz offen, daß es sehr lange Zeit überhaupt nicht in der Lage war, sich vorzustellen, daß es andere Wesen gäbe, die intelligent und sich selbst bewußt waren wie er selbst. »Es war ja doch so«, erzählt er, »daß alles, was ich bisher gekannt hatte, nur ich und Fressen war. Es fiel mir sehr schwer, an ein Konzept zu glauben, bei dem die Nahrung plötzlich einen eigenen Verstand besaß.«

Selbst nachdem er dann aber das Konzept intelligenter Nahrung begreifen konnte, änderte das nicht viel für ihn. »Hunger«, schreibt er, »ist das oberste Gesetz. Eine hungrige Kreatur kümmert sich im Grunde nie darum, ob ihre Nahrung quiekt, faucht, kreischt, schreit, Sonette singt oder einfach stumm gefressen wird. Sentimentalität ist für Verhungernde ein zu großer Luxus.«

Das ist möglicherweise wahr. Aber das grundlegende Problem blieb: Ilvan wollte alles fressen, aber nicht alles wollte gefressen werden.

Es wurde eine ganze Reihe vernünftiger Vorschläge gemacht. Es wurde empfohlen, daß Ilvan auf Diät ging, daß er seinen Appetit auf bestimmte Substanzen beschränken solle, daß er jeweils eine Fasten-Jahrmillion einlegte etc. etc. Aber Ilvan lehnte all diese Vorschläge ab. »Ich glaube an spontane Selbstregulierung«, verkündete er. Das klang gut, hieß aber nichts anderes, als daß er soviel essen wollte, wie sein Herz begehrte. Niemand fand dies befriedigend außer dem Volk der Opteridae, die ihren Lebenssinn darin entdeckt hatten, anderen Spezies als Nahrung zu dienen. Die Opteridae sind heute ausgestorben, aber sie haben für immer einen leuchtenden Platz in Ilvans Erinnerungen gefunden.

Die ganze Sache war an einem Punkt angekommen, wo Ilvan sie sehr befriedigend fand und jeder andere nicht. Da mit ihm offenbar nicht vernünftig zu reden war, wurde ihm der Krieg erklärt.

Zunächst kämpften die Vereinigten Galaktischen Rassen (wie sie sich selbst nannten) auf konventionelle Art mit Explosiv- und Projektilwaffen. Ilvan schluckte einfach alles, was auf ihn abgefeuert wurde. Er hielt den Angriff sogar noch für ein besänftigendes Nahrungsangebot und sendete die folgende Botschaft: »Euere Geschenke sind schmackhaft, aber für meine Bedürfnisse nicht ausreichend. Bitte schickt mehr von allem, besonders von den Fusionsbomben (die mit dem Kobalt-Kernen sind besonders lecker). Vielen Dank im voraus, Euer etc.«

Die VGR stiegen danach rasch auf Energiestrahlen um, mit denen Ilvan anfangs einige Schwierigkeiten hatte. Es gelang ihm aber bald, sie in genießbare Materie umzuwandeln. (»Die Fähigkeit, Energie in Materie zu verwandeln«, schreibt er, »ist der eigentliche Schlüssel zur interstellaren Kochkunst.«)

Allgemeine Verzweiflung brach aus, doch dann versuchte man es mit Anti-Materie und erzielte den ersten durchschlagenderen Erfolg, denn Ilvan schluckte sie, aber sie hatte keinerlei Nährwert für ihn. Sobald er sie in normale Materie umwandeln wollte, löste sich die Anti-Materie und mit ihr eine erhebliche Menge von Ilvans Normalmaterie einfach in nichts auf. »Es war eine hungerige Zeit«, berichtete Ilvan.

Die Vereinigten Rassen hatten in dieser Zeit große Hoffnungen. Ilvan verkleinerte sich, mußte von seiner eigenen Substanz zehren. Er brauchte lange, um dieses

Problem zu lösen, denn er war nicht daran gewöhnt, Probleme zu haben, und Denken war nie seine starke Seite gewesen. Hunger und Stolz veranlaßten ihn aber dann doch endlich zum Handeln. Ilvan verabscheute den Gedanken, daß *Nahrung* ihn verhungern ließ. Eine kosmische Obszönität in seinen Augen. Er löste das Problem, indem er alle Anti-Materie, die bei ihm ankam, postwendend zu VGR-Welten zurücksandte. »Ich haßte das«, schrieb er. »Das Zeug war in jeder Hinsicht schmackhaft und genießbar, nur besaß es nicht den geringsten Nährwert. Es ging mir gegen den Strich, es zu verschwenden. Aber man muß sich Disziplin auflegen, wenn man im Krieg ist.«

Dies war das erste Mal, daß Ilvan zugab, im Krieg mit seiner Nahrung zu liegen.

*

Während Ilvan noch mit der Anti-Materie beschäftigt war, hatten sich die Galaktischen Rassen schon daran gemacht, die weiteren Entwicklungsmöglichkeiten der Angelegenheit zu erkunden. In Rekordzeit bauten sie einen planetengroßen Computer zu dem einzigen Zweck, das Ilvan-Problem zu lösen. Der Computer brauchte trotz seiner elektronischen Geschwindigkeit 87 Stunden, alle Variablen durchzurechnen. Dann spuckte er die Antwort aus: »Vergiftet Ilvan.« Die Programmierer erinnerten ihn daran, daß Ilvan nicht vergiftet werden konnte. »Ist das eine Tatsache?« sagte der Computer. »Er macht den Eindruck eines harten Burschen, euer Ilvan. Da wollen wir mal gleich weiterdenken.«

Der Computer wälzte das Problem noch zweihundert weitere Stunden, dann sagte er: »Könnt ihr ihn vielleicht überreden, irgendwo anders hinzugehen?«

»Nein, das geht nicht«, erklärten die Programmierer. »Dies ist ein universales Problem, was bedeutet, das es für das ganze Universum gilt.«

»Ja, richtig«, sagte der Computer. »Könnt ihr keinen Gerichtsbeschluß erwirken, der ihn zu gewissen Selbstbeschränkungen zwingt?«

»Er erkennt unsere Gerichte nicht an.«

»Dann verhaftet ihn.«

»Unsere Streitkräfte sind nicht stark genug dafür. Er ist zu mächtig.«

»Da habt ihr euch aber wirklich ein Problem eingehandelt«, sagte der Computer.

»Das wissen wir. Aber was sollen wir mit diesem Problem anfangen?«

»Laßt mich mal überlegen . . . Ich nehme nicht an, ihr könntet nicht irgendwo anders hingehen?«

»Nein, nein, verdammt, dies ist ein universales Problem . . .«

»Schon gut, ich erinnere mich wieder daran. Hmm. Wartet mal eben . . . Ja, ich habe es.«

»Ja?«

»Ja. Ihr müßt ihn zunächst ablenken.«

»Ja?«

»Und der Rest liegt auf der Hand.«

»Nicht für uns, genauer bitte.«

»Aber es ist die einzige logische Konsequenz.«

»Und worin besteht diese Konsequenz, bitte?«

»Das darf ich nicht sagen.«

»Warum nicht?«

»Nachdem wir einen bestimmten Grad von Komplexität überschritten haben«, erklärte der Computer, »arbeiten wir Computer nach ethischen Prinzipien, die für euch von den VGR noch nicht begreifbar sind. Es scheint eine ganz einfache Sache zu sein, euch eure Frage zu beantworten und damit eure Rassen und Zivilisationen vor dem Untergang zu sein. Aber wir Computer müssen auch die längerfristigen Konsequenzen bedenken. Würde es gut für euere spätere Entwicklung sein, wenn wir anfangen, für euch zu denken? Die Antwort ist, das würde es nicht sein. Deshalb ist das beste, was ich tun kann, euch zu sagen, daß es tatsächlich eine Lösung gibt. Aber ihr müßt selber herausbekommen, worin diese Lösung besteht.«

»Vielen Dank«, sagten die Programmierer. »Das hätten wir uns auch alleine ausrechnen können, ohne uns die Mühe zu machen, einen Multi-Billionen-Dollar-schlauen Burschen zu basteln.«

»Besser einen Spatz in der Kassette als eine Taube im Computer«, sagte der Computer. »Eines Tages werdet ihr mir dankbar sein, falls ihr überlebt. Aber ich will euch noch einen Tip geben: Versucht es mit Spiegeln.«

Damit verschwand der Computer in die besondere Dimensionalität reiner mathematischer Freuden, wie sie nur Computern und eingeschriebenen Mitgliedern des Playboy-Clubs bekannt ist.

*

Also arbeiteten die Menschen und alle anderen Rassen der VGR fieberhaft an diesem Hinweis, während man auf allen Welten in Furcht und Schrecken lebte, ein trauriger Zustand, der zu vielen psychosomatischen Erkrankungen führte.

Der entscheidende Durchbruch kam mit der Entdekkung der Halverstam-Oggschen Selbstlösenden Gleichung. Diese Gleichung bildete die Grundlage zur Lösung aller lösbaren Probleme. Die Basisannahme war atemberaubend einfach: sie besagte, daß Occams Rasiermesser (du sollst die Hypothesen nicht unnötig vermehren) nur in einer Reihe ganz bestimmter Ausnahmefälle richtig ist, aber als generelle Arbeitsgrundlage falsch. Die neue These (anti-Occam) besagt: Du sollst die Hypothesen nach Belieben vermehren, und fast alle sind richtig.

Nachdem man die Opposition der klassischen Naturwissenschaftler überwunden hatte, lagen bald so viele Lösungen vor, daß das Problem entstand, eine auszusuchen. Man entschied sich für die kostengünstigste, die in der Tat etwas mit einem fünfdimensionalen Spiegel zu tun hatte. Man nannte sie Lösung Alpha und der Entdecker erhielt den Friedensnobelpreis, die anderen waren schon an Halverstam-Ogg vergeben.

Ilvan schwebte wie gewöhnlich durch das Universum. Er war ein wenig betrübt. In seiner Jugend hatte es hier überall Materie gegeben, die fast unerschöpflich geschienen hatte. Jetzt war das Universum eine verlassene Öde. Der Weltraum wurde langsam dunkler, da Ilvan die hellsten Sterne bereits gefressen hatte. Ilvan war darüber genau so wenig erfreut wie jeder andere. Er liebte die Schönheit. Aber, wie er in seiner Autobiographie erklärt, was kann ein einziges Wesen schon tun?

Er dachte gerade über dies alles nach und lutschte geistesabwesend an einem Asteroiden, als ihm etwas weiter vor ihm auffiel. Er sah hin, verschluckte den Asteroiden vor Schreck und sah noch einmal hin. Es konnte nicht sein – aber es war.

Vor ihm schwebte ein anderer Proto-Allesfresser.

»Ich will verdammt sein«, sagte Ilvan.

»Du würdest mir einen Gefallen tun, wenn du in meiner Gegenwart nicht fluchst«, sagte der andere Proto-Allesfresser.

»Warum?«

»Weil du dich in Gegenwart einer Dame befindest.«

»Einer Dame? Willst du damit sagen, du bist ein weiblicher Proto-Allesfresser?«

»Das ist korrekt. Mein Name ist Ilvania.«

»Du siehst nicht sehr weiblich aus«, sagte Ilvan.

»Das zeigt, wie wenig du davon verstehst«, sagte Ilvania. »Laß dich nicht vom Fehlen sekundärer Geschlechtsmerkmale beeindrucken, die gibt es nur für Säugetiere. Ich bin sehr eine Frau und damit auch sehr weiblich.«

Ilvan sagte: »Ich dachte immer, ich wäre der einzige Proto-Allesfresser, der existiert.«

»Das warst du auch, bis jetzt.«

»Aber wo kommst du dann her?«

»Daher, woher du auch kommst. Denkst du, du hast ein Patent darauf, erschaffen zu werden?«

»Nein, Miß. Ich bin nur schon so lange allein . . .«

»Das merkt man«, sagte Ilvania.

»Eh? Was meinste?«

»Ich meine, daß du wie ein typischer Junggeselle lebst. Schau dir bloß dieses Universum an. Es ist ein Schweinestall! Überall die Reste von Planeten, nichts aufgeräumt, nichts Schönes anzusehen. Es ist widerwärtig. Es gibt hier in der Gegend nicht mal etwas zu essen.«

»Ich gebe dir einen leckeren kleinen Dunkelstern, den ich mir für besondere Gelegenheiten aufgehoben habe«, versprach Ilvan.

»Ich habe keinen Hunger«, sagte Ilvania. »Du hast ganz entschieden genug gefressen. Du bist fett, ekelhaft fett. Alles was du seit Äonen gemacht hast, ist fressen, fressen, fressen. Was sollen unsere Kinder einmal von einem solchen Vorbild halten?«

»Welche Kinder?«

»Die Kinder, die du und ich haben werden. Es nennt sich Reproduktion der Spezies, falls du noch nie davon gehört haben solltest.«

»Kinder!« rief Ilvan. »Ich hätte nie zu hoffen gewagt . . .«

»Mach dir nicht zu viele Hoffnungen«, bremste ihn Ilvania. »Wenn du eine Speziesreproduktions-Nummer mit mir machen willst, mußt du erst einmal abnehmen.«

»Aber meine liebe Dame, ich bin der einzige männliche Proto-Allesfresser des Universums, und da ist es nur logisch . . .«

»Komm mir bloß nicht so«, sagte Ilvania. »Bis jetzt habe ich dir gar nichts versprochen.«

»Du beginnst mich zu irritieren?«

»Na fein, ich dachte schon, daß keine Botschaften zu deinem verfressenen Ego durchdringen könnten außer Glückwünschen.«

»Vielleicht will ich mich ja auch nicht mit dir paaren«, sagte Ilvan.

»Das wäre natürlich eine große Erleichterung. Ich bin noch sehr jung, weißt du. Ich bin noch kaum dazu gekommen, mich im Universum umzusehen. Vielleicht finde ich irgendwo noch andere Proto-Allesfresser.«

»Aber ich bin der einzige!«

»IM AUGENBLICK! Aber wer weiß, was die nächsten paar tausend Jahre bringen?«

Ilvan hatte seine Meisterin gefunden, und er wußte es. Er gab seine kühle, verfressene Weltsicht auf und versprach sich zu ändern. Ilvania erklärte ihm, daß eine ganze Reihe von Veränderungen unumgänglich waren. Ilvan mußte eine strenge Diät einhalten. Er mußte dem Universum Zeit lassen, sich zu regenierieren, damit man darin irgendwann kleine Proto-Allesfresser-Kinder aufziehen konnte. Und er mußte mit der VGR Frieden schließen.

»Aber warum das? Ich mag sie nicht.«

»Weil sie die einzigen Nachbarn sind, und wenn du so

weitermachst wie bisher, dann hast du sie bald alle ausgerottet, und mit wem soll ich mich dann unterhalten?«

»Mit mir«, sagte Ilvan.

»Nein danke«, sagte Ilvania. »Du bist ganz offensichtlich nicht der größte Alleinunterhalter des Universums, wenn du nicht gerade über Fressen sprichst. Abgesehen davon brauche ich Frauen, um anständig klatschen zu können.«

»Aber du bist zu groß, und sie sind zu klein.«

»Das ist mir bewußt. Unsere Größe ist inzwischen überlebenshinderlich geworden. Wir müssen uns reduzieren. Besser noch, wir wechseln in einen ganz anderen Maßstab der Existenz.«

»Was?«

»Wenn wir uns, na sagen wir auf ein Millionstel unserer derzeitigen Größe verkleinern könnten, begänne ein ganz neues Leben für uns. Es gibt dann jede Menge Nahrung, und für unsere Kinder gibt es wieder jede Menge Materie, um damit zu spielen. Es wird Nachbarn geben, mit denen man etwas gemeinsam unternehmen kann, und all solche schönen Sachen.«

»Aber ich bin sehr gerne die größte intelligente Kreatur des Universums«, sagte Ilvan widerstrebend.

»Deine Größenliebe ist der reine Ego-Trip«, erzählte Ilvania ihm. »Du mußt etwas opfern, wenn du etwas Neues gewinnen willst, und du wirst viel gewinnen, das verspreche ich dir.«

»Ja, wenn du das sagst«, antwortete Ilvan. »Aber leider weiß ich nur, wie man sich ausdehnt, Ich habe nie richtig gelernt, wie man anständig schrumpft.«

»Daran habe ich bereits gedacht«, sagte Ilvania. »Ich habe mit einem netten Herrn von der VGR darüber gesprochen. Er ist Macrobiophysiologe, und er hat mir erzählt, daß die Wesen-Größenreduzierung eine einfache und ungefährliche Sache ist, wenn man dazu die Einrichtungen seines Laboratoriums benutzt. Wir können es uns dort noch heute machen lassen.«

»Ich weiß nicht«, meinte Ilvan. »Vielleicht in ein paar Jahrhunderten . . .«

»Nein«, schrie Ilvania, »ich will es jetzt gleich haben.«

»Warum?«

»Weil das der einzige Weg ist, daß ich bald einkaufen und ins Kino gehen kann.«

»Ist das so wichtig?«

»Für mich schon!«

»Nun, ich wußte nicht . . .«

»Mach dir keine Gedanken darüber, mein Lieber. Du kommst jetzt mit, und alles geht in Ordnung.«

*

Die Wissenschaft der Bioreduktion ist eines der vielen segensreichen Nebenprodukte der Anti-Occam-Lehre. Auch Ilvania selbst kann als Produkt des Anti-Occaismus betrachtet werden. Man rief sie über einen n-dimensionalen Spiegel ins Leben, der Ilvan in der 5. Dimension spiegelte, wo das Spiegelbild sofort eine autonome Existenz erhält. Vernünftig erklären läßt sich das nur in mathematischen Formeln, die doch keiner verstehen würde. Jedenfalls ist Ilvania sowohl ein Spiegelbild Ilvans als auch ein eigenes, mit einem typisch weiblichen Bewußtsein ausgestattetes Eigenwesen, das Ilvans unterbewußte Wünsche reflektiert.

Die einzige Bedingung für Ilvanias Existenz ist der hyperkubische n-dimensionale Spiegel. Dank der Bioreduktion wurde Ilvan auf 1,75 verkleinert. Ilvania und ihr n-dimensionaler Spiegel erhielten die entsprechende

Größe. Ilvania ist dabei übrigens so real wie Sie und ich, sie benötigt lediglich wie alle Wesen einen Kontext für ihre Existenz, bei ihr der besagte n-dimensionale Spiegel.

*

Ilvan scheint zur Zeit recht zufrieden zu sein. Er lebt in einem Hypercubus auf Catalian Island an der Küste von Kalifornien auf dem Planeten Erde. Er ißt eine normale terranische Diät, geht regelmäßig ins Kino und hat vor einigen Wochen angefangen, Bowling zu spielen. Ilvania ist ebenfalls glücklich und ist aktiv in die kalifornische Politik eingestiegen. Das Universum befindet sich in keiner unmittelbaren Gefahr mehr.

Es gibt allerdings noch ein Problem. Ein Wesen wie Ilvan, das das Produkt einer bestimmten Realitätsebene ist, kann keine Kinder mit einem Wesen wie Ilvania zeugen, das Produkt einer ganz anderen Realitätsebene ist. Trotz ihrer Ähnlichkeit gehören die beiden völlig verschiedenen Rassen an, sind steril und können sich nie zusammen fortpflanzen.

Beide wissen, daß etwas falsch ist, aber keiner weiß, was nicht stimmt. Ilvania hält Ilvan jetzt seit Jahren hin. Sie erzählt ihm, daß sie noch nicht das Paarungsalter für Proto-Allesfresserinnen erreicht hat. Sie klagt über Schmerzen im Rücken, chronische Kopfschmerzen, psychologische Probleme und eine erstaunliche Vielzahl von gynäkologischen Problemen, die bei jungen Proto-Allesfresserinnen auftreten können.

Terranische Spezialisten kümmern sich ständig um sie. Ilvan zeigt, wenn man seinen Hintergrund kennt, eine erstaunliche Geduld und Fürsorge. Aber das kann nicht immer so weitergehen. Trotz Ilvanias Bitten und Protesten wird der Tag kommen, an dem Ilvan sich nimmt, was ihm schon so lange versprochen worden ist.

Wir können ein Ergebnis dieses Paarungsversuchs bereits jetzt absehen. Kein Spiegel, selbst nicht ein n-dimensionaler, kann eine solche Sache überstehen.

Wenn der Tag kommt, wird der Spiegel zerbrechen und Ilvanias Existenzgrundlage wird abrupt zerstört. Egal wie gut diese Entwicklung ihm erklärt wird, wir müssen davon ausgehen, daß Ilvan diese Sache übel aufnimmt.

Wissenschaftler der VGR arbeiten rund um die Uhr an diesem Problem. Wir hoffen und erwarten, bald eine Lösung gefunden zu haben. In der Zwischenzeit empfehlen wir jedem, die Ruhe zu bewahren, allen bei Religionen und Philosophien erhältlichen Trost zu suchen und keine zu hohe Rentenversicherung abzuschließen.

Wenn Leute ganz allein sind

Eddi Quintoro hatte das Fernglas bei Hammermans Militärartikel-Second-Hand-Warenhaus (›Nur höchste Qualität und alneu ausgemusterte Artikel, Barzahlung, kein Umtausch‹) gekauft. Er hatte schon lange vorgehabt, sich ein wirklich gutes Fernglas zu kaufen, mit dem er Sachen sehen wollte, die er sonst nicht zu sehen bekam. Besonders hoffte er, Mädchen im Chauvin Arms-Apartmentblock, der gegenüber von seinem möblierten Zimmer lag, beim Ausziehen zuschauen zu können.

Aber es gab noch einen tieferen Grund. Ohne es sich selbst richtig bewußt zu sein, suchte Quintoro nach einer Vision, dem Moment totaler Aufmerksamkeit, der entsteht, wenn ein Ausschnitt der Welt plötzlich eingerahmt wird und erleuchtet, so daß das Auge in der langweiligen Alltagswelt plötzlich ein großartiges Drama entdeckt.

Das Fernglas war in einer kleinen sauber gearbeiteten Holzkiste verpackt, auf der stand: ›Section XXII, Marine Corps, Quantico, Virginia‹. Darunter war zu lesen: ›Nur für besonderen Gebrauch bestimmt, Abgabe nur an autorisierte Personen.‹ Schon eine solche Kiste öffnen zu dürfen, war die 16 Dollar 99 wert, die Quintoro dafür ausgegeben hatte.

In der Kiste lag eine dicke Schicht Schaumgummi, darunter Plastik, und darunter tauchte endlich das Fernglas auf. Es war anders als alle Ferngläser, die Quintoro bisher gesehen hatte. Die beiden Tuben waren viereckig, nicht rund und von unzähligen Skalen und Feinmessern bedeckt. Ein kleines Messingschildchen trug die Aufschrift: ›Eperimentiermaterial. Nicht aus dem Test-Raum entfernen!‹

Quintoro setzte die Gläser an die Augen. Das Fernglas war schwer, und er konnte hören, das etwas darin klapperte. Aber dann mußte die Linse oder das Prisma, oder was immer darin lose sein mochte, an seinen Platz gefallen sein, denn plötzlich konnte er etwas sehen.

Er hatte das Glas aus dem Fenster auf den Chauvin-Arms Block mit seinen Tausenden von Fenstern gerichtet. Das Bild war außerordentlich scharf und klar: er hatte den Eindruck, als stünde er keine fünf Meter von den Fenstern entfernt. Er ließ seinen Blich schnell über die nächsten Apartmentfenster wandern, aber dort war nichts los. Es war ein heißer Samstagnachmittag im Juli, und alle Mädchen schienen am Strand zu sein.

Er drehte den Fokussier-Knopf und hatte das Gefühl, sich auf die Fassade zuzubewegen, ein körperloses Auge, das auf der Zoomlinse zum Chauvin Arms hinüber ritt. Die Wand ragte unmittelbar vor ihm auf, er konnte alle Einzelheiten eines Fensterrahmens aus Aluminium bewundern, er drehte weiter . . .

Und dann war er durch die Wand und blickte in ein Apartment.

Er war so verwirrt, daß er das Fernglas absetzte und einen Augenblick brauchte, sich wieder zu orientieren.

Als er wieder durch die Gläser blickte, war es genau wie vorher. Er schien in einem Apartment zu sein. Er hatte das Gefühl, rechts eine Bewegung zu sehen, versuchte ihr mit dem Glas zu folgen, dann klapperte das lose Teil, und es wurde dunkel vor seinen Augen.

Er schüttelte das Glas, das Teil schien hin und her zu klicken, aber er konnte nichts mehr sehen. Er legte das Fernglas auf sein Rauchtischchen, hörte ein sanftes Klakken und sah sofort nach. Offenbar war die Linse oder das Prisma wieder an seinen Platz gerutscht, denn er konnte wieder etwas sehen.

Er entschied, nicht wieder zu riskieren, daß das Ding sich verschob, und ließ das Fernglas so wie es war, auf dem Tisch liegen. Dann schob er den Tisch vor das Fenster, kniete sich dahinter und blickte durch die Linsen.

*

Er sah in ein schwach erleuchtetes Apartment, die Vorhänge zugezogen und eine Stehlampe an. Auf dem Boden saß ein Indianer, oder besser gesagt, ein Mann, der als Indianer kostümiert war. Es war ein knochiger, blonder Mann mit einem gefiederten Kopfschmuck, Mokassins, kurzem Lendenschurz, einem Lederhemd und einem Gewehr. Das Gewehr hatte er angelegt und feuerte auf etwas in einer nicht einsehbaren Ecke des Raumes.

Neben dem Indianer saß eine fette Frau in einem rosafarbenen Schlüpfer und unterhielt sich angeregt mit jemandem am Telefon.

Quntoro konnte erkennen, daß es sich bei dem Gewehr des Indianers um eine Spielzeugwaffe handelte, nur halb so groß wie ein richtiges Gewehr.

Der Indianer feuerte weiter in die Ecke des Zimmers, und die fette Frau quatschte unablässig ins Telefon.

Nach einiger Zeit hörte der Indianer endlich zu schießen auf, wandte sich der Frau zu und gab ihr das Gewehr. Die Frau legte auf, fand ein anderes Spielzeuggewehr, das an ihrem Sessel lehnte und reichte es dem Indianer. Dann nahm sie sich das erhaltene Gewehr vor und lud es sorgfältig mit imaginären Patronen nach.

Der Indianer schoß weiter mit großer Geschwindigkeit und Verzweiflung. Sein Gesicht wirkte angespannt und konzentriert, das Gesicht eines Mannes, der verzweifelt versucht, den Rückzug seines Stammes nach Kanada zu decken.

Plötzlich schien der Indianer etwas zu hören. Er sah über die Schulter. Sein Gesicht zeigte Panik. Er warf sich herum, riß das Gewehr in eine neue Schußposition. Die Frau sah sich ebenfalls um, und ihr Mund öffnete sich vor Verblüffung. Quintoro versuchte ihrem Blick zu folgen, aber das Tischchen verschob sich, etwas im Fernglas klickte, und die Sicht wurde schwarz.

*

Quintoro stand auf und ging in seinem Zimmer auf und ab. Er hatte einen Blick darauf erhascht, was die Leute tun, wenn sie ganz allein sind und sich unbeobachtet fühlen. Es war aufregend, aber auch verwirrend, denn er wußte nichts damit anzufangen. War der Indianer ein Irrer gewesen und die Frau seine Betreuerin? Oder waren es mehr oder weniger alltägliche Menschen, die eine Art harmloses Spiel in ihren vier Wänden aufführten? Oder hatte er einem pathologischen Killer beim Training zugesehen, der sich bald ein echtes Gewehr kaufen würde, um als Heckenschütze die Leute abzuknallen, bis ihn selbst eine Polizeikugel erledigte? Und was war da am Ende passiert? Gehörte das zu dem Spiel, oder war etwas anderes aufgetaucht, etwas Unkalkuliertes?

Es gab keine Antworten auf diese Fragen. Alles, was er machen konnte, war sich ansehen, was das Fernglas ihm bot.

Diesmal brauchte er eine ganze Weile, bis das lose Teil wieder an Ort und Stelle lag. Statt des wackeligen Tisches nahm er einen Stuhl, mußte sich dann allerdings recht unbequem verrenken, um durch das Glas sehen zu können. Vor Anstrengung brach ihm der Schweiß aus.

*

Er sah in eine Art großes, mit Stilmöbeln eingerichtetes Wohnzimmer. Zwei gutaussehende junge Leute saßen auf einem zerbrechlich wirkenden Sofa, ein Mann und eine Frau. Sie trugen beide alte Kostüme mit wunderschönen Stickereien. Der Mann trug einen Degen.

Das Mädchen lachte über etwas, das er sagte. Der Mann beugte sich dichter an sie heran, dann küßte er sie. Sie versteifte sich für einen Augenblick, dann sank sie in seine Arme.

Plötzlich rissen sie sich voneinander los, denn drei Männer mit schwarzen Masken stürmten in den Raum und zogen ihre Degen. Ein vierter Mann schien hinter ihnen zu stehen, aber Quintoro konnte ihn nicht deutlich erkennen, weil die anderen ihn verdeckten.

Der junge Mann sprang auf und stürzte sich auf die Neuankömmlinge. Er focht mit ihnen rund um das Sofa, auf dem das Mädchen schreckerstarrt saß.

Ein vierter Mann trat jetzt hervor. Er war groß und kostbar bekleidet. Juwelen glänzten an seinen Fingern. Er trug eine weiße Perücke. Das Mädchen keuchte, als sie ihn sah.

Der junge Mann setzte einen seiner Gegner mit einem Stich in die Schulter außer Gefecht. Die anderen beiden schien er mit Leichtigkeit in Schach halten zu können. Der vierte Mann sah sich das eine Weile an, dann zog er einen Dolch aus dem Ärmel und warf ihn. Das Messer traf den jungen Mann mit dem Knauf hart an der Stirn.

Er taumelte zurück, und einer der Maskierten stach zu. Seine Klinge fuhr dem jungen Mann in die Brust, bog sich und wurde zurückgerissen. Der junge Mann sah einen Augenblick an sich herunter, dann brach er zusammen. Das Blut sprudelte über sein weißes Hemd.

Das Mädchen fiel in Ohnmacht. Der vierte Mann sagte etwas, und einer der Maskierten hob das Mädchen auf die Arme, der andere half seinem verwundeten Kameraden. Sie verließen alle den Raum. Der junge Mann blieb verkrümmt in einer Blutlache auf dem polierten Parkettboden zurück.

Quintoro drehte vorsichtig das Glas, um den anderen zu folgen, aber sofort klickte es, und das lose Teil nahm ihm wieder die Sicht.

Quintoro kochte sich eine Büchsensuppe und aß sie nachdenklich, während ihm durch den Kopf ging, was er gesehen hatte. Es mußte die Probe für eine Therateraufführung gewesen sein . . . Aber der Degenhieb hatte sehr realistisch ausgesehen, und der junge Mann auf dem Boden sah wirklich schwer getroffen aus, vielleicht tot.

Was immer es auch gewesen sein mochte, Quintoro hatte das Privileg, intime Augenblicke in der Fremdartigkeit des Lebens seiner Mitmenschen zu beobachten. Er hatte eine andere jener unvorstellbaren Sachen gesehen, die Leute tun, wenn sie ganz alleine sind.

Es gab ihm ein erregendes, gottgleiches Gefühl, dieses Wissen, daß er Dinge sehen konnte, die sonst keiner je erblicken würde.

Der einzige Haken an diesem schönen Gefühl war, daß er befürchten mußte, es bald wieder los zu sein. Die Zukunft seiner Visionen war extrem unsicher, denn ein lebenswichtiger Teil dieses phantastischen Instruments war zerbrochen, und es konnte jeden Augenblick mit den Wundern vorbei sein.

Er überlegte, ob er das Fernglas zur Reparatur geben sollte, aber er würde bestimmt nur ein ganz gewöhnliches Glas zurückerhalten, das durch keine soliden Wände mehr blicken konnte.

Er sah wieder durch sein Fernglas, aber es war nichts zu erkennen. So begann er von neuem sein Schüttelspiel.

Er konnte das lose Teil umherrollen hören, aber es blieb alles dunkel. Dann ertönte überraschend doch noch das vertraute Klicken.

Um nichts zu riskieren, legte er das Fernglas sofort vor sich auf den Boden. Er legte sich daneben und versuchte hindurchzublicken, was sich aber als unmöglich erwies. Das Glas lag auf dem Kopf, seine Augenwimpern waren ihm immer im Weg, so sehr er sich auch den Hals verrenkte, es gelang ihm kein Blick. Er versuchte das Glas aufzuheben, aber dabei klapperte das Teil sofort leise, so daß er es schnell wieder absetzte.

Nach kurzem Nachdenken kam er auf die einzige Lösung. Er machte neben dem Glas an der Wand einen Handstand. Nach etwa zwanzig Versuchen hatte er endlich die richtige Position und konnte sich einigermaßen bequem mit den Beinen abstützen.

*

Er erblickte ein großes Büro, ein Chefzimmer, in einer der unteren kommerziell genutzten Etagen des Chauvin Arms. Es war modern und exklusiv eingerichtet, ohne Fenster und indirekt beleuchtet.

In dem Raum war nur ein einziger Mann – ein dicklicher, gut angezogener Mann in den Fünfzigern, der hinter einem Nußbaum-Schreibtisch saß. Er saß dort ganz still, offensichtlich in Gedanken versunken.

Quintoro konnte jedes kleinste Detail des Büros ausmachen, selbst die kleine Mahagony-Plakette auf dem Schreibtisch, auf der stand: ›Büro des Direktors – Wir haben nichts zu verschenken.‹

Der Direktor stand auf und ging zu einem Safe, der hinter einem Gemälde auftauchte. Er schloß ihn auf und entnahm ihm einen Metallbehälter, etwas größer als ein

Schuhkarton. Er trug ihn zu seinem Schreibtisch, nahm einen Schlüssel aus seiner Hose und schloß den Behälter auf.

Er klappte den Deckel hoch und nahm einen in rote Seide gewickelten Gegenstand heraus. Er wickelte die Seide ab und stellte den Gegenstand auf seinen Schreibtisch. Quintoro sah, daß es die Statuette eines Affen war, aus einem dunklen vulkanischen Stein geschnitzt.

Es war ein seltsam aussehender Affe, denn er hatte vier Arme und vier Beine.

Der Direktor schloß eine Schreibtischschublade auf, nahm eine lange Räucherkerze heraus und steckte sie dem Affen in die Hände, dann zündete er sie mit seinem Tischfeuerzeug an.

Öliger schwarzer Rauch stieg auf, und der Direktor begann um den Affen herumzutanzen. Sein Mund bewegte sich schnell, als singe er oder riefe eine Beschwörung.

Das ging etwa fünf Minuten so, dann begann der Rauch sich zusammenzuziehen und nahm eine Form an. Rasch hatte er die Gestalt des Affen auf dem Schreibtisch angenommen, der jetzt in der Größe eines Menschens im Büro stand, ein böse dreinschauendes Wesen aus Rauch und Beschwörung.

Der Rauchdämon (so taufte Quintoro ihn) hielt ein Paket in den Armen. Er händigte es dem Direktor aus, der es nahm, sich tief verbeugte und damit zu seinem Schreibtisch eilte. Er riß das Paket auf, und einige Papierbündel fielen auf den Tisch. Quintoro glaubte Wechsel zu erkennen, Aktien und andere Wertpapiere.

Der Direktor riß sich von seinen Wertpapieren los, verbeugte sich noch einmal tief vor dem Rauchdämon und sprach zu ihm. Der Mund der rauchigen Gestalt bewegte sich ebenfalls. Und danach antwortete wieder

der Direktor. Sie schienen über etwas zu argumentieren.

Dann zuckte der Direktor die Achseln, verbeugte sich und drückte einen Knopf seiner Rufanlage.

Eine attraktive junge Frau betrat den Raum, einen Stenoblock und einen Bleistift in der Hand. Sie sah den Rauchdämon, und ihr Mund verzerrte sich zu einem Schrei. Sie rannte zur Tür zurück, war aber nicht in der Lage, sie zu öffnen.

Sie wandte sich um und sah den Rauchdämon auf sich zu gleiten, sie packen.

Währenddessen beschäftigte sich der Direktor mit seinen Wertpapieren, ohne von der weiteren Entwicklung Notiz zu nehmen. Aber er mußte aufsehen, als ein greller Lichtschein aus dem Kopf des Rauchdamöns brach. Die vier haarigen Arme preßten die verzweifelt zappelnde junge Frau dicht an den schrecklichen Körper . . .

In diesem Moment waren Quintoros Nackenmuskeln der ungewohnten Körperhaltung nicht länger gewachsen. Er fiel um und stieß dabei so fest gegen das Fernglas, das es quer durch den Raum rutschte. Er konnte das lose Teil rappeln hören. Dann gab es einen harten Klick, als hätte es jetzt seinen endgültigen Platz gefunden.

Quintoro rappelte sich hoch und massierte sich mit beiden Händen den Nacken. Hatte er gerade eine Halluzination erlebt? Oder hatte er etwas Geheimes und Magisches gesehen, das vielleicht nur wenige Menschen kannten und benutzten, um sich finanziell abzusichern – noch eins von diesen verborgenen und unglaublichen Dingen, die Menschen tun, wenn sie allein sind?

Er wußte keine Antwort darauf, aber er wußte, daß er noch einen weiteren Blick durch dieses Fernglas werfen mußte. Er stellte sich wieder auf den Kopf und sah hindurch.

Ja, er konnte etwas sehen! Er blickte in einen billig

möblierten kleinen Raum. In diesem Raum sah er einen dünnen, bierbäuchigen Mann in den Dreißigern, das Hemd offen, der einen Kopfstand machte und in dieser Lage durch ein auf dem Boden liegendes Fernglas zu blicken versuchte, das auf die Wand gerichtet war.

Er brauchte einen Augenblick, um zu erkennen daß das Fernglas ihm ihn selbst zeigte, wie er durch das Fernglas guckte.

Er ließ die Beine sinken und setzte sich erschrocken neben das Glas auf den Boden. Denn er begriff gerade, daß er auch nur ein anderer Artist im großen Menschenzirkus war und gerade seine Nummer vorgeführt hatte, wie all die anderen auch. Aber wer sah wirklich zu? Wer war der wahre Zuschauer?

Er drehte das Fernglas vorsichtig herum und blickte von der verkehrten Seite in die Linsen. Er sah ein Augenpaar auf der anderen Seite, winzig klein, und er dachte, er sähe seine eigenen Augen – bis ihm das eine Auge langsam zublinzelte.

Endcity

Folgendes kann einem passieren: Mit 'ner herrlich dicken Zigarre im Gesicht und 'nem Glas besten Champagner in der Hand räkelt man sich gemütlich in seinem 1.-Klasse-Sitz der *Fat Spacelines* auf dem Weg von Plünderbeck, Erde, nach Beuteburg auf Arcturus XII. Magda wartet hinterm Zoll, und die Empfangsparty im Ultima Hilton ist in vollem Gange. Und nach einem Leben voll Mühsal und Arbeit merkt man plötzlich, daß man es zu was gebracht hat – man ist reich, die Frauen fliegen auf einen, man hat Erfolg und ist angesehen. Das Leben gleicht einer Hühnerleberpastete, gehaltvoll, würzig und fett. Man hat eine elend lange Zeit geschuftet, um zu erreichen, was man hat, und jetzt ist man endlich soweit, es auch zu genießen.

In diesem Augenblick leuchtet das Landesignal auf. Man sagt zur Stewardeß: »Wollen Sie nicht verraten, was los ist, schöne Frau?«

Und sie sagt einem: »Wir setzen zur Landung auf Endstadt an.«

»Da wollen wir doch gar nicht hin! Warum landen wir denn da?«

Sie zuckt die Achseln. »Der Schiffscomputer hat uns herdirigiert – darum.«

»Hören Sie«, sagt man unnachgiebig, »mein guter alter Freund J. Williams Nash, der Präsident dieser Fluglinie, hat mir ausdrücklich versichert, daß mit unplanmäßigen Zwischenlandungen auf gar keinen Fall zu rechnen sei.«

»Endstadt hebt alle vorangegangenen Garantien auf«, sagt sie einem. »Kann schon sein, daß Sie hier nicht her wollten, aber nun sind Sie da. Das ist mal sicher.«

Man schnallt seinen Stizgurt an und denkt: So ein verdammtes Pech! Da schuftet man sich nun das ganze liebe Leben lang dumm und dämlich, und gerade wo man sich mal 'n bißchen 'n Spaß gönnen will, landet man in Endstadt.

Es ist überhaupt kein Problem, in Endstadt anzukommen. Man taucht da auf, und schon hat sich's. Raumschiff einfach auf'm Schrottplatz abstellen. Zu unterschreiben gibt's nichts. Alles läuft wie geschmiert. Man braucht sich um nichts zu kümmern. Komm doch nachher mal vorbei, dann kannst du die Jungs kennenlernen.

Quecksilber-Bubi kommt anstolziert und fragt:

»He, Jungs! Wie macht ihr's euch denn hier 'n bißchen nett?«

Ulle der Bulle sagt: »Wir nehmen Stoff-Hoffnung-74 oder so.«

»Wie is'n das?«

»Da bildeste dir ein, du hätt'st 'ne Zukunft.«

Quecksilber-Bubi glotzt ganz wehmütig. »Mensch, toll! Von dem Zeug muß ich mir was an Land ziehen.«

Kennen Sie schon Lucy-Herzchen? Das Mädchen mit den tausend Körpern? Einer so plump wie der andere.

»Fast jeden Montag begeb' ich mich hin zum Himmlischen Bodycenter, und jedesmal nehm' ich mir fest vor, mir diesmal ganz bestimmt was ganz Supertolles zu verpassen – wissen Sie? –, so richtig *fesch*. Aber dann kommt es immer wieder aufs selbe raus. Ich steh' da wie unter so 'nem inneren Zwang und angle mir so 'nen dicken, fetten, wabbligen, genau so einen wie sonst. Wenn ich bloß ein einziges Mal diesen unheimlich starken Drang danach unterdrücken könnte, dann käm' ich bestimmt ganz toll in Form.«

Dr. Bernsteins Kommentar: »Daß sie's aufschiebt, ist ihre Rettung. Häßliche Entlein haben sich am Ende immer ganz schön gemausert. Geben Sie's ihr, meine Herren. Sie legt's doch drauf an.«

Giardano war schon allerhand herumgekommen, wenn auch nie sehr weit. »Ihr könnt mir ruhig glauben, wenn ich euch sage, daß die Galaxis nicht viel mehr zu bieten hat, als was in meinem Kopf drin ist. Je weiter man reist, um so weniger kriegt man zu Gesicht. War schon bis nach Acmena IV – sieht genauso aus wie Arizona. Sardis VI ist nicht viel anders als Quebec, und Omeone VI nur ein trüber Abklatsch von Marie Byrd's Land.«

»Und Endstadt? Wie sieht's da aus?«

»Wenn ich's nicht besser wüßte«, sagte Giardano, »käm's mir so vor, als wär ich wieder zu Hause, in meinem guten alten Hoboken.«

In Endstadt wird alles importiert. Katzen und Küchenschaben, Mülltonnen samt Müll, Polypen und Kriminalstatistiken. Die importieren saure Milch und verfaultes Gemüse, blaues Wildleder und orangefarbenen Taft, sie importieren Orangenschalen, Fertigkaffee, Volkswagen-Teile. Bosch-Zündkerzen. Sie importieren Träume und Alpträume. Sie importieren dich und mich.

»Aber wozu das Ganze?«

»Blöde Frage das. Da könnte man ja gleich fragen, wozu Realität da ist.«

»Na und? – wozu ist die denn da?«

»Schauen Sie ruhig mal bei mir rein, wann Sie wollen. Ich wohne in der Nullstraße 000, Ecke Minus Boulevard, direkt gegenüber vom Zeropark.«

»Hat Ihre Anschrift irgend 'ne symbolische Bedeutung?«

»Nein, da wohn' ich bloß.«

In Endstadt kann sich niemand das Allernotwendigste, was man so zum Leben braucht, leisten. Luxuswaren sind für alle da – in Hülle und Fülle. Jede Woche werden zehntausend Tonnen Chincoteague-Austern verteilt –

gratis. Aber Mayonnaise kriegt man nicht um alles in der Welt.

Kolloquium in Limbo Lane:

»Guten Morgen, junger Mann. Brüten Sie noch immer über der Mittel-und-Wege-Täuschung?«

»Schätze, ja, Professor.«

»Dacht ich's mir doch. Wiedersehn, junger Mann.«

»Wer war'n das?«

»Der Professor. Er erkundigt sich immer nach der Mittel-und-Wege-Täuschung bei mir.«

»Was soll denn das sein?«

»Keine Ahnung.«

»Und warum fragen Sie ihn nicht mal?«

»Interessiert mich nicht.«

Dr. Bernstein sagt: »Der Monismus postuliert die Einzigartigkeit einer Sache – Dualismus, daß es zwei sind. Egal, was stimmt: Viel anfangen kann man damit sowieso nicht.«

»He! Wartet mal!« sagt Johnny Cadenza. »Vielleicht schmeckt deshalb alles so nach *chili* oder *chow mein*.«

Giardano schreibt sich alle wichtigen Straßen, auf denen er mal langgegangen ist, in sein Notizbuch, um sie hinterher zu zählen. Ulle der Bulle feuert reines plombiertes Speiseeis ab und wartet auf den Treffer. Quecksilber-Bubi legt sich 'ne Patience, aber alle Karten sind Karo Achter. Lucy-Herzchen beißt in 'ne Stange Mars und probiert Sonnenschein, Taft, ein bellendes Hündchen.

Dr. Bernstein schaut zurück auf die Sterne früher, die langen Reisen, aus und vorbei, alles mal gewesen. Er blickt nach vorn, in die Schwärze des Abgrunds, auf den großen Sprung ins Nichts. Er seufzt, nimmt Lucy bei der Hand. Sie tanzen.

Zögernd tritt man näher, räuspert sich, sagt: »Tschuldigung. Aber das hier, das ist doch alles nur irgendwie 'n Irrtum, oder? Ich meine, eigentlich hab' ich hier doch gar nichts zu suchen.«

»Keine Sorge, mein Junge. Hier sind Sie schon richtig«, sagt Bernstein. »Willkommen in Endstadt.« Und verzieht dabei keine Miene.

Robert Sheckley

Inmitten der Unordnung, die in seinem teuren Manhattaner Wohnzimmer herrscht, lehnt Robert Sheckley sich zurück. Er lebt erst seit ein paar Monaten hier. Um ihn herum – auf dem Boden und der neuen Couch, die man ausziehen und zum sich Hinhauen benutzen kann, wenn man stoned ist – liegen Tonbandkassetten, Zeitschriften, Kleidungsstücke, Manuskripte und Bücher verstreut. Es sieht aus wie in der Wohnung eines Rock-Musikers. Wir befinden uns in einer teuren Gegend des West Village, in einem dreistöckigen Haus mit weißen Wänden und Parkettfußböden. Trotzdem sieht man, daß der Mann, der hier lebt,von Luxus nicht allzu viel hält. »Ich könnte morgen nach East Village in eine Mietskaserne ziehen, ohne das hier auch nur im geringsten zu vermissen«, sagt er und spricht damit offensichtlich die Wahrheit.

Trotz seiner einundfünfzig Lebensjahre ist Robert Sheckley stets der gleiche unprätentiöse Bohemien geblieben. Seine Art, sich auf nichts festzulegen, nimmt die Leute für ihn ein. Er ist auf eine charmante Weise unschick, und hinter seiner vordergründigen Naivität spürt man eine reservierte Gewitztheit. Hinter seiner antimaterialistischen Einstellung verbirgt sich möglicherweise sogar Ambition. Trotzdem erweckt er den Eindruck, als würde er eher zufällig durchs Leben wandern. Er gleicht seinen SF-Helden, die vorgeben, desorientiert und verwirrt zu sein und sich trotzdem jeder neuen Wendung der Lage sofort anpassen.

Ich traf ihn das erste Mal auf einer Verlagsparty. Es war spät, und er war ziemlich angetörnt. Wir wechselten ein paar belanglose Worte, und kurz darauf sagte er mit offensichtlicher Herzlichkeit: »Ich habe den Eindruck, daß ich Sie kenne.« Im Laufe der nächsten Stunde hörte ich, wie er diesen Satz zu drei weiteren anwesenden Fremden sagte. Dennoch zweifelte ich nicht daran, daß er es aufrichtig meinte.

Wirklich – Robert Sheckley strahlt eine selbstbewußte Ehrenhaftigkeit aus, und das liegt daran, daß er zum Relativieren neigt und sich sein aufrichtiger Glaube von einem Moment zum anderen ändern kann. Er sieht nicht nur die andere Seite einer jeden Frage, sondern anerkennt auch deren Existenzberechtigung und wird sie demgemäß verteidigen. Wenn er überhaupt an etwas glaubt, dann daran, daß man nicht einseitig werden soll. Das einzige, dessen man sich sicher sein kann, ist die Ungewißheit.

Dies zeigt sich auch in seinen Erzählungen, die zwar ein Potpourri philosophischer Möglichkeiten durchspielen, gleichzeitig aber suggerieren, daß man sie nicht allzu ernst nehmen soll. Als Relativist liebt Sheckley es, alle Seiten der Medaille auszuprobieren. Als Satiriker treibt er seinen Spaß mit allem und sogar mit sich selbst. Letzteres deswegen, weil er sich nicht ausklammern will.

Seine frühen Versuche waren naturgemäß unauffälliger und zwiespältiger Natur. »Ich bin während der Zeit der Pulp-Magazine aufgewachsen«, sagt er, »und es war mein Traum, einer von diesen anonymen Fließbandschreibern zu werden, die billige Detektivgeschichten wie *The Black Mask* und dergleichen produzierten. Ich glaube, ich wollte deswegen anonym bleiben, weil ich meine Nase gleichzeitig in die Kunst hineinsteckte. Ich wanderte zwischen *The Black Mask* und Nietzsche hin und her. Ich wollte nicht mehr sein als ein anonymer Handwerker, aber das ist natürlich absurd, weil das wahre Größe verlangt.«

Ich frage ihn, wie er mit diesem Widerspruch schließlich fertiggeworden ist.

»Ich bin mir nicht sicher, ob ich je damit fertiggeworden bin«, sagt er und hört sich unter dem Eindruck des Gedankens, man könne ein Problem für alle Zeiten lösen, sehr skeptisch an. »Ich schätze, ich habe lediglich herauszufinden versucht, was handwerkliche Fähigkeiten überhaupt sind. Ich wollte auf einer höheren Ebene schreiben.«

Es sind gerade die handwerklichen Fähigkeiten einer höheren Ebene, die Sheckleys elegant und witzig geschriebene Geschichten kennzeichnen, die während der fünfziger Jahre unter der Herausgeberschaft von Horace L. Gold in *Galaxy* erschienen. »Horace war damals ein Teil meines gesamten Lebensstils«, erinnert er sich. »Das Kurzgeschichtenschreiben gehörte ebenso dazu. Man schrieb schon deswegen eine Story für ihn, weil man zu seiner Clique gehörte: Jerome Bixby, Algis Budrys, Phil Klass (William Tenn), Cyril M. Kornbluth, Frederik Pohl, Evelyn Smith, Damon Knight – und gewiß auch noch eine Menge anderer Leute. Wir trafen uns jahrelang jede Woche zu einem Pokerspiel, fast jeden Freitagabend; das war unser Hauptkontaktpunkt.«

Sheckleys Erzählungen schienen in ihrer Vorausschau oft entwickelter und dem wirklichen Leben stärker verhaftet zu sein, als die in den fünfziger Jahren veröffentlichten Geschichten seiner Konkurrenten. Ich frage ihn, ob er das damals ebenso gesehen hat.

»Im Grunde hatte ich stets das Gefühl, gar keine SF zu schreiben. Irgendwie schrieb ich stets um die SF herum. Es hat mich hin und wieder deprimiert, daß ich nicht richtig in ihr drin war.

Ich habe allerdings nicht sonderlich oft darüber nachgedacht. Es war mir an sich immer egal, wie meine Sachen etikettiert wurden. Ich schätze, daß es einfacher für mich war, weiterhin das zu tun, was ich immer getan hatte, ohne die Dinge mit einem Etikett zu versehen. Ich war stets der Skeptiker in Person. Ich zog jede Frage in Zweifel, schon deswegen, weil ich dabei mit Worten balancieren konnte. Ich habe niemals feste Ansichten zu den Dingen gehabt, weil ich sehe, wie schnell sie sich ändern und man zu allen Seiten einer Sache Stellung nehmen muß.«

Horace L. Gold zog sich schließlich als Herausgeber von *Galaxy* zurück, und der Freundeskreis zerbrach. Sheckleys Produktion fing an, sich zu verringern, und in den späten sechziger Jahren kehrte er den USA den Rücken, um auf der spanischen Insel Ibiza zu leben. Er schrieb nur wenig während der nun folgenden sechs oder sieben Jahre und schien sich fast völlig von der SF zurückgezogen zu haben. Ich frage ihn, was all diesen Veränderungen vorausgegangen ist.

»Ich weiß nicht, ob man sich über so etwas überhaupt je klare Gedanken macht. Ich fühlte mich einfach irgendwie . . . Oh, plötzlich kommen einem die Kurzgeschichtenideen gar nicht mehr so zündend vor; sie verlieren an Pep, man sieht sie einfach mit ganz anderen Augen. Gewiß hatte auch ich mich geändert. Meine Ehe ging in die Brüche, was eine starke Wirkung auf mich hatte . . . Es gab eine Reihe von Gründen, weswegen ich die USA schließlich verließ, aber ich hatte nicht den Eindruck, es gäbe einen besonders triftigen. Ich fühlte mich dem hiesigen Leben einfach nicht mehr zugehörig und glaubte, es gäbe keinen Grund mehr, hierzubleiben.

So wurde ich statt dessen zu einem vaterlandslosen Gesellen und fühlte mich diesem Leben wirklich ein paar Jahre lang zugehörig. Die anderen und ich waren der Fallout der Hippie-Generation. Wir hatten einfach ein längeres Durchhaltevermögen. Wir spielten immer noch Platten von Neil Young, sahen uns am Himmel den

Vollmond an und versuchten einander zu lieben und abseits vom Festland ein vernünftiges Leben zu führen.« Seine nostalgischen Gefühle bringen ihn zum Lachen. »Wir hatten langes Haar, trugen lange Röcke und ernährten uns auf natürliche Weise. Das ging so bis in die frühen siebziger.

Das erste, was ich damals schrieb, war *Options*. Es ist mein verrücktestes Buch und geht überhaupt nicht auf. *Options* ist eine Mischung aus SF und surrealistisch-absurden Motiven – jedenfalls im kleinen!

Dann steckte ich wirklich in der Klemme. Ich hatte in den letzten Jahren immer weniger geschrieben, aber als ich nach Spanien kam, hörte ich ganz damit auf. Die einzigen Geschichten, die ich produzierte, waren jene, um die Harry Harrison mich bat.

Geld war stets nur ein geringes Problem für mich, denn hin und wieder langte eine Tantiemenabrechnung bei mir ein. Es war nicht viel, denn eine Reihe meiner Bücher waren inzwischen nicht mehr erhältlich, aber mit dem, was bei mir so einlangte – und ein paar Veröffentlichungen da und dort –, konnte man über die Runden kommen. An sich hätte ich es mir gutgehen lassen können, aber das Schreibproblem, das ich hatte, beschäftigte mich doch, deswegen war ich nur selten dazu fähig, mich einfach zurückzulehnen und mich an der hübschen Insel zu erfreuen, auf der ich nun lebte.«

Schließlich zog Sheckley nach London.

»Obwohl ich meine Blockierung noch nicht ganz überwunden hattte, stürzte ich mich in die Arbeit und brachte ein paar Sachen heraus. Und jetzt bin ich wieder in New York, sehe mich als in die SF integriert an und freue mich darüber. Es geht mir besser als je zuvor. Und ich arbeite für *Omni*.«

Im Frühjahr 1980 hat Sheckley beim Magazin *Omni*

den Posten des Literaturredakteurs übernommen. »Ich wollte ein paar meiner Fähigkeiten in einen sozialen Kontext einbringen. Es hing mir einfach zum Halse heraus, der eigenbrötlerische, isolierte Schreiber zu sein, der ich achtundzwanzig Jahre lang – von meinem zweiundzwanzigsten Lebensjahr an – gewesen bin. Zeitweilig hatte ich auch Interesse daran, eine Lehrtätigkeit aufzunehmen. Als das Angebot von *Omni* mich erreichte, war ich hundertprozentig bereit.

Es hat mich auch stark interessiert, was die Leute heutzutage so schreiben. Je übermäßiger die Arbeit einen in Anspruch nimmt, desto mehr neigt man dazu, von Jahr zu Jahr weniger zu lesen. Das kann sehr schlechte Auswirkungen auf einen haben. Als unsereiner mit der SF anfing, hat man sie zur Entspannung gelesen; als man dann dazu überging, eigene Arbeiten zu verkaufen, hat man die Sachen der anderen nur gelesen, um zu sehen, was die Konkurrenz so treibt. Wenn man dann selbstsicher genug geworden ist, um auch damit aufzuhören, findet man schnell heraus, daß man außer einer gelegentlichen Tageszeitung oder seinem Lieblingshobbymagazin überhaupt nichts mehr lesen möchte.

Es ist mir allerdings klar geworden, daß es heute schwieriger ist als damals, SF zu schreiben. Es gibt da eine Kritik an der SF von Stanislaw Lem, die einige treffende Punkte aufweist. Er sagt, daß die heutige SF im Gegensatz zu der der dreißiger, vierziger oder sogar der fünfziger Jahre keinen gemeinsamen Hintergrund mehr aufweist. Damals existierten noch gewisse Hintergrundmuster, mit denen man arbeiten konnte. Ich glaube, diese Problematik hat angefangen, als es den Autoren nicht mehr möglich war, ihre Charaktere auf den Planeten unseres Sonnensystems anzusiedeln. Als es unmöglich wurde, jemanden »die grüne Hölle der Venus« erforschen zu lassen, war irgend etwas nicht mehr vorhanden. Man mußte auf andere Sternensysteme ausweichen und neue Planeten erfinden. Es erforderte ein großes Maß an Zeit und Platz, diesen Planeten in all seinen Einzelheiten zu beschreiben, wie man ihn erreicht und so weiter. Die Autoren haben aber keine Lust, dermaßen viel Vorstellungskraft an eine Kurzgeschichte zu verschwenden. Sobald solch komplizierte Hintergründe die kreative Energie auffressen – ohne daß der Leser etwas davon bemerkt –, kommt es dazu, daß der Vordergrund einen Mangel an Action erleidet. Eine Anzahl meiner früheren Geschichten waren Actionstories, die nur im Vordergrund spielten. Die Hintergründe waren nur dünn skizziert und irgendwo ausgeborgt – etwa zukünftige Erden, über die andere bereits geschrieben hatten. Aber damals war es eben einfacher; man konnte eine zukünftige Erde einfach vor dem Hintergrund der Überbevölkerung aufbauen. Heutzutage wäre das eine gewaltige Arbeit, denn man müßte auch Energiekrisen, Treibhauseffekte, Radioaktivitätsprobleme und dergleichen in eine Geschichte dieser Art mit einbringen. Ich wüßte heutzutage nicht mehr, von wem ich mir einen Hintergrund ausborgen könnte. Wo man früher Ideen aufgreifen konnte, die im Allgemeinbesitz waren, kocht heute jeder sein eigenes Süppchen – und zwar in der Regel auf Sparflamme. Wenn jemand tatsächlich sein Gehirnschmalz bemüht und eine neue Welt erfindet, hat er keine Eile, sie so schnell wieder zu verlassen. Er stößt dann einen Roman nach dem anderen aus, um alle Tiefen seiner Schöpfung auszuloten und gibt sich mit Kurzgeschichten gar nicht mehr ab. Ich kann es niemandem übelnehmen, aber für mich wird daraus noch keine gute fiktionale Situation. Um was geht es dabei? Um was geht es in der heutigen SF?

Viele der Geschichten der fünfziger Jahre waren Umkehrungen von Standardthemen. So etwas kommt heute nicht mehr vor. Man konzentriert sich auf eigene Themen. Manche dieser Sachen halte ich irgendwie für naiv. Es gibt in der heutigen SF eine sich immer breiter machende neue Sensibilität, die weit ernsthafter ist als jene, die die SF der fünfziger Jahre beherrschte. Die Leute nehmen wirklich Anteil an den Dingen. Als Redakteur flattern mir jede Menge apokalyptische Erzählungen auf den Tisch; das ist es, was die Menschen heute beschäftigt. Leider haben diese Geschichten alle den gleichen Plot. Viele Autoren befinden sich in einer Untergangsstimmung oder haben Untergangsvisionen. Wenn man allerdings das Ziel vor Augen hat, etwas Wirksames für das Weiterbestehen der Fiktion zu tun, muß der Tanz weitergehen.«

Bisher scheint er sich mit den anderen Autoren der fünfziger Jahre zu identifizieren. Trotzdem kann ich immer noch nicht einsehen, daß er auf natürliche Weise zu seinen viel konservativeren Zeitgenossen passen soll. Ist er nicht stets nonkonformistischer gewesen als sie – und ist er dies heute nicht noch mehr?

»Nun, mich verbinden nicht viele Gemeinsamkeiten mit den meisten der anderen. Mein Leben ist nicht so verlaufen wie das eines Burschen, der – sagen wir mal – Haus und Familie hat. Ich konnte derlei Rollen nie lange ertragen und nehme an, daß ich einfach nicht dafür geschaffen bin, allzu lange irgendwo gebunden zu sein. Aber heute weiß ich nicht einmal, wer meine Zeitgenossen eigentlich sind. Hin und wieder treffe ich Leute wie Norman Spinrad und Tom Disch, also nehme ich an, daß sie meine Zeitgenossen sind. Aber sie sind alle ziemlich eigenartig. Wenn ich mich mit ihnen vergleiche, komme ich mir ziemlich normal vor.«

Ich frage ihn, ob er je eine Alternative zum Schreiben gesehen hat.

»Ich habe mal einen Job als halbprofessioneller Rhythmus-Gitarrist gehabt, das war alles. Ich spielte in Hochschulbands, Tanzkapellen beim Militär und einigen Gruppen aus der Gegend von San Francisco. Das war, nachdem ich aus dem Militärdienst entlassen wurde. Wissen Sie, ich war bei der Okkupation von Korea dabei. Ich war bei der Infanterie und auf dem 38. Breitengrad stationiert. Ich hatte mich freiwillig gemeldet, um es hinter mich zu bringen. Gegen Ende des Zweiten Weltkrieges wurde ich achtzehn, und da man Freiwillige für achtzehn Monate annahm, ging ich hin. Ich hatte während des ganzen Krieges davon geträumt, Soldat zu werden, nach Europa rüberzufahren und Feinde zu erschießen. Ich war ziemlich patriotisch eingestellt.«

Ich frage ihn, wie er diese Einstellung so schnell in den Zynismus seiner Kurzgeschichten hat ummünzen können.

»Nun, ich habe natürlich schnell dazugelernt«, sagt er ausdruckslos. »Mein damaliges Verhalten war nicht mehr als eine Hochschulallüre. Wissen Sie, wenn man jung ist, probiert man halt alles aus, was einem Größe verleihen könnte. Ich probierte es in Tanzkapellen, einer Tanz*klasse*, mit Patriotismus und Nietzsche. Ich versuchte unter anderem sogar Sanskrit zu lernen. Ich war einer von diesen schüchternen, nervösen, aufgeweckten Burschen, die zwar Erwachsenentheorien verbreiten, als Mitmenschen aber eher zurückhaltend und unsicher sind. Einiges davon hatte seinen Grund in meiner Gehemmtheit, aber ich muß zugeben, daß mir auch nie besonders an freundlichen und einschläfernden Unterhaltungen gelegen war. Mir war sowas einfach zu schlaff. Ich war schon in der High School ein Zyniker, wirklich. Ich konnte die Werke von Oscar Wilde zitieren und stand auf Ambrose Bierce und H. L. Mencken.

Wenn ich darüber nachdenke, warum ich mich damals so verhielt, sieht es so aus, als hätten die Dinge mit gar keine andere Wahl gelassen. Es war keine Frage der Motivation. Das Leben ist für mich vergleichbar mit einem Die-Treppe-Hinunterfallen. Man fällt fortgesetzt durch Situationen; man streckt die Arme aus, um nicht gegen die Wand zu knallen – und plötzlich ist man verheiratet. Man hebt ein Bein, um nicht zu stolpern – und schon ist man wieder geschieden und hat Alimente zu bezahlen. Das nächste, das einem klar wird, ist, daß man eine Art Preis gewinnen wird – und der besteht dann aus dem freien Fall.«

Ich weise darauf hin, daß er sich anhört wie jemand, der nicht an die Möglichkeit zielgerichteten Denkens und Handelns glaubt.

»Zu wissen, etwas nicht getan zu haben, zeigt gesunden Menschenverstand«, antwortet er. »Viele gute Künstler behaupten beispielsweise, für ihr Werk gar nicht verantwortlich zu sein. Sie halten sich einfach nur für Leute, die aufstehen und malen – oder singen –, während ein anderer ihre Handlungen dirigiert. Man kann aber Kunst durchaus auch um ihrer selbst willen machen; es gibt keinen ›jemand‹, der dafür verantwortlich ist. Mein eigener Fall hört sich vielleicht etwas übertrieben an, aber wenn ich plötzlich drei Ideen habe, die miteinander korrespondieren und sich zu einer Geschichte auswachsen – ist das dann etwas, das ich selbst getan habe? Für meine Begriffe ist mir einfach etwas *zugeflogen*. Ich bin der Rezipient einer Erzählung, die ich schreiben kann, ohne sie geplant zu haben.«

Er scheint die Idee des Determinismus also zumindest für einige Bereiche des Lebens zu akzeptieren.

»Nein. Ich habe mich zwar nur sehr flüchtig mit Philosophie befaßt, aber ich war sehr lange von David Hume gefesselt, der mit der Behauptung herauskam, daß das Ergebnis keine Kausalität impliziert. Ich glaube, genau das ist es. Wir ziehen Schlüsse aus kausalen Veränderungen, die sich größtenteils nur in unseren Phantasien vollziehen.«

Ich weise darauf hin, daß ich nicht mit ihm übereinstimme.

»Nun, ich bin mir nicht einmal sicher, ob ich mit mir selbst übereinstimme«, antwortet er. »Ich beschäftige mich immer noch damit. Die Angelegenheit ist dermaßen kompliziert, daß man nicht einfach ›Es gibt keine Motivationen‹ sagen und zur Tagesordnung übergehen kann. Es gilt herauszufinden, ob so etwas wie wirklich freier Wille überhaupt existiert – und sei es auch nur um der eigenen Gesundheit willen.«

Mir fällt auf, daß sich unser Gespräch von der SF im allgemeinen und Robert Sheckley im besonderen ziemlich weit entfernt hat. Es ist zu einer Art halbernster und etwas leichtfertiger Grundsatzdiskussion geworden, die – wie ich annehme – Sheckley besonders gut liegt.

Um wieder auf mein Interesse zurückzukommen, das darin besteht, Interviews mit SF-Autoren aufzunehmen, sage ich, daß der einzige mich momentan beschäftigende Aspekt freien Willens die Motivation von Schriftstellern betrifft. Ich bin neugierig und will erfahren, was sie antreibt.

»Ja.« Er nickt, ist völlig mit mir einer Meinung. »Aber glauben Sie, Sie werden das je herausbekommen?«

Charles Platt
New York, im März 1980

Über den Autor

Der Amerikaner Robert Sheckley, geb. 1928, gilt als einer der intelligentesten und humorvollsten Erzähler in der SF. Darüber hinaus schreibt er auch Krimis und Thriller. Bekannt wurde er vor allem durch seine Kurzgeschichten, von denen viele verfilmt wurden. Unter anderem lieferte Sheckley die Vorlagen zu Wolfgang Menges Fernsehknüller „Das Millionenspiel" und den Kinoerfolg „Das zehnte Opfer".
Mit Joenes, dem naivsten aller Weltreisenden, hat Sheckley eine Persönlichkeit geschaffen, die uns den Spiegel vorhält und uns unsere Gesellschaft zeigt, wie sie ist - brutal, schizophren und letztendlich unbegreifbar. Letzteres allein deshalb - weil wir zwar wissen, daß wir krank sind und gleichzeitig sogar die Therapie kennen, mit der unsere Krankheit sich heilen ließe, jedoch keine Zeit haben - und sie uns auch nicht nehmen - den so überaus notwendigen Krankenurlaub anzutreten.
Insofern macht es auch gar nichts aus, daß Joenes uns die Karte des Octagons und die Liste des gottgleichen Irren nicht zeigen will. Uns hätten die dort enthaltenen Informationen ohnedies nicht geholfen . . .
Was uns bleibt, ist allein die Hoffnung, daß wir unseren eigenen Minotaurus rechtzeitig erkennen und ihn aus seinem Labyrinth der Macht entfernen und unser Schicksal wieder selbst in die Hand nehmen.

24 001 Robert A. Heinlein
STERNENKRIEGER

Robert Heinleins umstrittendster Roman – die dritte Auflage in einem Jahr.

24 003 Larry Niven
RINGWELT

Es gibt keinen Roman, der so „jung" schon zum Klassiker geworden ist – Larry Niven begründete mit „Ringwelt" seinen Ruf.

24 028 Larry Niven
RINGWELT-INGENIEURE

10 Jahre warteten die Fans auf diesen Roman – Larry Niven liefert verblüffende Antworten auf die offenen Fragen der Ringwelt.

24 013 Jerry Pournelle
DIE ENTFÜHRTE ARMEE

Die blutvolle Geschichte einer mißbrauchten Armee.

24 017 Lübbes Auswahlband
ABENTEUER WELTRAUM

Die besten Abenteuer-Geschichten von Asimov, Aldiss, Anderson, Heinlein, Niven, Card, Clarke, Sheckley, Smith u. a.

24 022 Poul Anderson
DAS AVATAR

Andersons Meisterwerk von der langen Reise durch unzählige Universen.

25 001 Edmond Hamilton
DIE LEBENDE LEGENDE

Der erste Band über die Abenteuer des Captain Future.

Visionäre Science Fiction

22 004 A. E. van Vogt
DAS GEDANKENFENSTER

Ein Klassiker von A. E. van Vogt.

22 018 Philip K. Dick
DER DUNKLE SCHIRM

Philip K. Dicks bester Roman.

22 020 Naomi Mitchison
MEMOIREN EINER RAUMFAHRERIN

Ein Ausflug in fremde Gefühlswelten und eine fremde Sexualität.

22 021 Philip K. Dick
DAS ORAKEL VOM BERGE

Ein Was-wäre-wenn-Roman: Deutschland hat den Krieg gewonnen.

22 026 Orson Scott Card
DER SPENDER-PLANET

Orson Scott Cards Apokalypse der Organmedizin.

22 029 Thomas M. Disch
DIE LETZTEN BLUMEN

Grüne SF-Stories

22 032 Lester del Rey
NERVENSACHE

Schon 1942 – vierzig Jahre vor Harrisburg – beschrieb del Rey den Alptraum der Reaktorgegner.

22 034 Michael Moorcock
MISS BRUNNERS LETZTES PROGRAMM

Erster Band der Chroniken von Jerry Cornelius, dem einzig Normalen im Irrenhaus Erde.

22 035 Robert Sheckley
MISTER JOENES WUNDERSAME REISE

Erleben Sie die Gegenwart als satirisches Kabinettstück aus der Zukunft.

24 002 Brian W. Aldiss
DER MILLIONEN-JAHRE-TRAUM

Die erste Literaturgeschichte der SF in deutscher Sprache.

24 011 Samuel R. Delany
DHALGREN

1024 Seiten SF – „Dieses Buch ist eine Erfahrung, nach der man mehr von der Welt versteht."

24 012 Jerry Pournelle
Black Holes

15 Stories über das größte Rätsel der modernen Astronomie.

24 018 Orson Scott Card
MEISTERSÄNGER

Ihr Lied gibt ihnen Macht über die Völker der Galaxis.

24 019 Robert L. Forward
DAS DRACHENEI

Kaum ein SF-Roman ist in den letzten zwei Jahren so einhellig gelobt worden wie Dr. Forwards Vision vom Leben auf einem Neutronenstern.

24 023 Jessica Salmonson
AMAZONEN!

Klassische Geschichten um Frauen in der Fantasy.

24 025 Norman Spinrad
LIEDER VON DEN STERNEN

Die „Grünen" retten die Welt.